ITALIANO ESSENCIAL

Berlitz Falando sua língua

ITALIANO ESSENCIAL

EMANUELE OCCHIPINTI

TRADUÇÃO
BIANCA BOLD

martins fontes
selo martins

© 2014 Martins Editora Livraria Ltda., São Paulo, para a presente edição.
© Berlitz Publishing/APA Publications GmbH & Co. Verlag KG, Cingapura.
Todos os direitos reservados.
Berlitz Trademark Reg. US Patent Office and other countries.
Marca Registrada. Used under license from Apa Publication (UK) Ltd.

Publisher	Evandro Mendonça Martins Fontes
Coordenação editorial	Vanessa Faleck
Produção editorial	Danielle Benfica
	Heda Maria Lopes
Design da capa	Marcela Badolatto
Design do miolo	Claudia Petrilli
	Datagrafix, Inc.
Ilustrações	Elizabeth Gaynor
	Datagrafix, Inc.
Diagramação	Entrelinhas Editorial
	Triall
Revisão	Silvia Carvalho de Almeida
	Juliana Amato Borges

Dados Internacionais de Catalogação na Publicação (CIP)
(Câmara Brasileira do Livro, SP, Brasil)

Occhipinti, Emanuele
   Italiano essencial / por Emanuele Occhipinti;
traduzido por Bianca Bold. – 1. ed. –
São Paulo: Martins Fontes – selo Martins, 2013.
(Série essencial)

Título original: Essential Italian.
ISBN: 978-85-8063-119-7

1. Italiano - Estudo e ensino I. Título.
II. Série.

13-10582   CDD-458.07

Índices para catálogo sistemático:
1. Italiano : Estudo e ensino   458.07

Nenhuma parte desta obra pode ser reproduzida, armazenada em sistema de recuperação
ou transmitida de nenhuma forma ou meio eletrônico ou mecânico,
inclusive por fotocópia, gravação ou outro, sem a prévia permissão
por escrito de APA Publications.

Todos os direitos desta edição reservados à
Martins Editora Livraria Ltda.
Av. Dr. Arnaldo, 2076
01255-000 São Paulo SP Brasil
Tel.: (11) 3116 0000
info@emartinsfontes.com.br
www.emartinsfontes.com.br

SUMÁRIO

INTRODUÇÃO   xi

Como usar este livro   xi
A estrutura do livro   xii
Guia de pronúncia   xii

LIÇÃO 1   BUONGIORNO, COMINCIAMO!
BOM DIA, VAMOS COMEÇAR!   1

Domande e rispote / Perguntas e respostas   2
Parole da ricordare / Palavras que você deve lembrar   3
Grammatica / Gramática   4
   1. Articoli / Artigos   4
   2. Negativo semplice / Negativo simples   5
   3. Pronomi personali / Pronomes pessoais   5
Vocabolario / Vocabulário   5
Esercizi / Exercícios   6

LIÇÃO 2   PRESENTAZIONI: PIACERE DI CONOSCERTI!
APRESENTAÇÕES: PRAZER EM CONHECÊ-LO!   8

Domande e rispote / Perguntas e respostas   10
Parole da ricordare / Palavras que você deve lembrar   12
Grammatica / Gramática   12
   1. Aggettivi e accordo / Adjetivos e concordância   12
   2. Articoli / Artigos   13
   3. Verbo "essere" / Verbo "ser"   13
   4. Fare domande / Fazer perguntas   13
   5. Verbi in -are / Verbos que terminam em -are   14
Vocabolario / Vocabulário   15
Esercizi / Exercícios   16

LIÇÃO 3   ANNA PARTE PER UN VIAGGIO DI LAVORO
ANNA FAZ UMA VIAGEM DE NEGÓCIOS   19

Domande e rispote / Perguntas e respostas	22
Parole da ricordare / Palavras que você deve lembrar	23
Grammatica / Gramática	24
1. Articolo determinativo e accordo / Artigo definido e concordância	24
2. Essere e avere / Ser e ter	26
3. Altri verbi in -are / Outros verbos que terminam em -are	27
Vocabolario / Vocabulário	28
Esercizi / Exercícios	30

LIÇÃO 4   UN INVITO
UM CONVITE   32

Domande e rispote / Perguntas e respostas	33
Parole da ricordare / Palavras que você deve lembrar	35
Grammatica / Gramática	36
1. Verbi in -ere / Verbos que terminam em -ere	36
2. Preposizioni articolate / Contrações entre preposições e artigos	37
3. Aggetivi: quello e bello / Adjetivos quello (aquele) e bello (belo)	37
4. Numeri da 1 a 20 / Números de 1 a 20	38
Vocabolario / Vocabulário	39
Esercizi / Exercícios	41

LIÇÃO 5   L'ORARIO D'UFFICIO
O HORÁRIO DO ESCRITÓRIO   44

Domande e rispote / Perguntas e respostas	45
Parole da ricordare / Palavras que você deve lembrar	46
Grammatica / Gramática	47
1. Verbi in -ire / Verbos que terminam em -ire	47
2. I verbi servili / Os verbos modais (volere, dovere, potere)	48
3. L'ora / As horas	49
4. E adesso contiamo / E agora vamos contar	50
Vocabolario / Vocabulário	51
Esercizi / Exercícios	52

LIÇÃO 6   RIVEDIAMO LE LEZIONI DA 1 A 5
VAMOS REVISAR AS LIÇÕES DE 1 A 5   54

Diálogo 1: Buongiorno, cominciamo! 54
Diálogo 2: Presentazioni: Piacere di conoscerti! 55
Diálogo 3: Anna parte per un viaggio di lavoro 56
Diálogo 4: Un invito 57
Diálogo 5: L'orario d'ufficio 57
Test di revisione / Teste de revisão 58

LIÇÃO 7   AL BAR
NA CAFETERIA   63

Domande e rispote / Perguntas e respostas 65
Parole da ricordare / Palavras que você deve lembrar 66
Grammatica / Gramática 67
 1. Aggettivi e pronomi possessivi / Adjetivos e pronomes possessivos 67
 2. Avverbi / Advérbios (molto, poco, troppo) 70
Vocabolario / Vocabulário 71
Esercizi / Exercícios 73

LIÇÃO 8   UNA PRENOTAZIONE
UMA RESERVA   76

Domande e rispote / Perguntas e respostas 78
Parole da ricordare / Palavras que você deve lembrar 79
Grammatica / Gramática 80
 1. Negazione / Negação 80
 2. Pronomi oggetto diretto/indiretto / Pronomes oblíquos (objetos diretos/indiretos) 81
 3. I pronomi tonici / Os pronomes tônicos 82
 4. Aggettivi numerali ordinali / Números ordinais 82
Vocabolario / Vocabulário 83
Esercizi / Exercícios 85

LIÇÃO 9   ALL' UFFICIO POSTALE
NO CORREIO   89

Domande e rispote / Perguntas e respostas 91
Parole da ricordare / Palavras que você deve lembrar 92

Grammatica / Gramática	92
1. Uso del verbo avere / Uso do verbo avere	92
2. Pronomi oggeto indiretto / Pronomes oblíquos com função de objeto indireto	93
3. Uso di ci come pronome e avverbio / Uso de ci como pronome e advérbio	94
4. Aggettivo indefinito ogni / Adjetivo indefinido ogni	95
5. Piacere e mancare / Gostar e sentir falta	95
Vocabolario / Vocabulário	96
Esercizi / Exercícios	97

LIÇÃO 10   CHE TEMPO FA?
COMO ESTÁ O TEMPO?   100

Domande e rispote / Perguntas e respostas	101
Parole da ricordare / Palavras que você deve lembrar	102
Grammatica / Gramática	103
1. I pronomi doppi / Os pronomes duplos	103
2. Il pronome ne / O pronome ne	104
Vocabolario / Vocabulário	106
Esercizi / Exercícios	109

LIÇÃO 11   DI CHE COSA ABBIAMO BISOGNO?
DO QUE PRECISAMOS?   111

Domande e rispote / Perguntas e respostas	113
Parole da ricordare / Palavras que você deve lembrar	115
Grammatica / Gramática	116
1. Il presente progressivo / O presente contínuo	116
2. Il futuro / O futuro	117
3. Il futuro dei verbi regolari / O futuro dos verbos regulares	118
Vocabolario / Vocabulário	119
Esercizi / Exercícios	120

LIÇÃO 12   RIVEDIAMO LE LEZIONI DA 7 A 11
VAMOS REVISAR AS LIÇÕES DE 7 A 11   124

Diálogo 7: Al bar	124
Diálogo 8: Una prenotazione	125
Diálogo 9: All'ufficio postale	126
Diálogo 10: Che tempo fa?	127
Diálogo 11: Di che cosa abbiamo bisogno?	128
Test di revisione / Teste de revisão	129

LIÇÃO 13 MI INDICA LA STRADA?
PODERIA ME EXPLICAR O CAMINHO? 134

Domande e rispote / Perguntas e respostas 136
Parole da ricordare / Palavras que você deve lembrar 137
Grammatica / Gramática 138
   1. L'imperativo formale / O imperativo formal ou de cortesia 138
Vocabolario / Vocabulário 139
Esercizi / Exercícios 140

LIÇÃO 14 UNA CHIACCHIERATA
UM BATE-PAPO 143

Domande e rispote / Perguntas e respostas 145
Parole da ricordare / Palavras que você deve lembrar 146
Grammatica / Gramática 147
   1. Il passato prossimo / O passado próximo 147
   2. Essere o avere? / Ser ou ter? 149
   3. Accordo del participo passato / Concordância do particípio 149
   4. La preposizione da / A preposição da 150
Vocabolario / Vocabulário 151
Esercizi / Exercícios 153

LIÇÃO 15 TUTTO È BENE QUEL CHE FINISCE BENE
TUDO ESTÁ BEM QUANDO TERMINA BEM 156

Domande e rispote / Perguntas e respostas 159
Parole da ricordare / Palavras que você deve lembrar 160
Grammatica / Gramática 162
   1. L'imperfetto / O imperfeito 162
   2. Prima di, senza, invece di + infinito / Antes de, sem, em vez de + infinitivo 164
Vocabolario / Vocabulário 164
Esercizi / Exercícios 165

LIÇÃO 16 RIVEDIAMO LE LEZIONI DA 13 A 15
VAMOS REVISAR AS LIÇÕES DE 13 A 15   168

Diálogo 13: Mi indica la strada? 168
Diálogo 14: Una chiacchierata 169
Diálogo 15: Tutto è bene quel che finisce bene 170
Test di revisione / Teste de revisão 171

LIÇÃO 17 A PROPOSITO DI VITA NOTTURNA
FALANDO EM VIDA NOTURNA   180

Domande e rispote / Perguntas e respostas 182
Parole da ricordare / Palavras que você deve lembrar 183
Grammatica / Gramática 184
  1. Il pronome si / O pronome si (Pronome reflexivo e/ou impessoal) 184
  2. I comparativi / Os comparativos (O grau comparativo) 185
  3. Il superlativo / O superlativo (O grau superlativo) 186
Vocabolario / Vocabulário 186
Esercizi / Exercícios 187

LIÇÃO 18 ANDIAMO A FARE SPESE
VAMOS FAZER COMPRAS   190

Domande e rispote / Perguntas e respostas 192
Parole da ricordare / Palavras que você deve lembrar 194
Grammatica / Gramática 195
  1. Il congiuntivo / O subjuntivo 195
  2. Il partitivo / O partitivo 198
Vocabolario / Vocabulário 199
Esercizi / Exercícios 201

LIÇÃO 19 UN REGALO DI NOZZE
UM PRESENTE DE CASAMENTO   204

Domande e rispote / Perguntas e respostas 206
Parole da ricordare / Palavras que você deve lembrar 208
Grammatica / Gramática 209
  1. Il condizionale presente / O modo condicional 209

2. Il periodo ipotetico / O período hipotético   211
3. Fare + infinito / Fazer + infinitivo   213
Vocabolario / Vocabulário   214
Esercizi / Exercícios   216

LIÇÃO 20   RIVEDIAMO LE LEZIONI DA 17 A 19
VAMOS REVISAR AS LIÇÕES DE 17 A 19   218

Diálogo 17: A proposito di vita notturna   218
Diálogo 18: Andiamo a fare spese   219
Diálogo 19: Un regalo di nozze   220
Test di revisione finale / Teste de revisão final   222

RESPOSTAS DOS EXERCÍCIOS   227

GLOSSÁRIO   256

INTRODUÇÃO

Se você nunca estudou italiano ou precisa relembrar o que já aprendeu, *Berlitz Italiano Essencial* dará as ferramentas e as informações necessárias para você aprender esse idioma de forma fácil e eficaz. Além disso, o livro foi pensado para permitir que você estude no seu próprio ritmo, conforme suas habilidades.

* Diálogos bilíngues e animados interpretados por falantes nativos do idioma descrevem situações cotidianas.

* Um guia de pronúncia lhe permitirá aprender os sons da língua.

* A gramática básica é ensinada por meio de frases e orações que ajudarão a desenvolver uma noção gramatical correta sem ter de estudar longas listas de regras e exceções.

* Uma seção de exercícios no final de cada lição lhe permitirá conhecer seus pontos fortes e fracos, proporcionando, assim, um estudo mais eficiente.

* As atividades on-line ao final de cada lição o colocarão em contato com a língua e a cultura italianas.

* O glossário no final do livro oferece uma referência fácil de todas as palavras utilizadas nas lições.

* O CD de áudio apresenta gravações de falantes nativos de italiano em todos os diálogos, expondo o leitor aos sons da língua italiana padrão.

* Baixe gratuitamente arquivos de áudio com todas as seções de vocabulário do livro em <http://www.berlitzpublishing.com> e pratique mais a pronúncia.

COMO USAR ESTE LIVRO

A melhor maneira de aprender uma língua é com o estudo *diário*. Decida quanto tempo você pode dedicar por dia ao estudo de *Italiano Essencial* – talvez você possa completar duas lições por dia, ou tenha apenas meia hora disponível para estudar. Determine uma meta diária realista que possa ser cumprida facilmente, um plano que inclua o estudo do material novo e a revisão do antigo. Quanto mais frequente for a sua exposição à língua, melhores serão os resultados.

Introdução

A ESTRUTURA DO LIVRO

* Escute o diálogo no começo de cada lição. Siga-o devagar e com atenção, usando a tradução das palavras e frases.

* Você também encontrará listas de vocabulário deste livro em forma de áudio em nossa página. Visite <http://www.berlitzpublishing.com> para fazer download do áudio bônus. Escute e repita as gravações para aperfeiçoar sua pronúncia.

* Depois de ler e ouvir o diálogo e a lista de vocabulário o suficiente para captar os significados e os sons, leia a seção de gramática, prestando atenção especial em como se constroem as orações. Em seguida, leia e ouça o diálogo novamente.

* Quando estudar a lista de vocabulário, é produtivo escrever as palavras em um caderno. Isso vai ajudá-lo a lembrar progressivamente tanto a forma de escrever quanto o significado conforme você avança. Você também pode tentar criar uma frase inteira.

* Tente fazer os exercícios sem recorrer ao diálogo. Depois volte e verifique suas respostas com o diálogo ou consulte as respostas no final do livro. Repetir os exercícios também pode ajudá-lo.

* A última atividade de cada lição inclui uma proposta on-line para aplicar o conhecimento de italiano e completar tarefas do dia a dia usando o idioma. Os sites foram selecionados para ajudá-lo com o vocabulário e com as expressões que já aprendeu, ao mesmo tempo que apresentam novo conteúdo cultural e gramatical. Visite <http://www.berlitzpublishing.com> e vá à seção de download para atividades extras.

Dedicando-se às lições do curso *Berlitz Italiano Essencial* você adquirirá os conhecimentos básicos da língua rapidamente, o que o ajudará a seguir adiante, em seu próprio ritmo. Neste livro, você encontrará tudo o que precisa para se comunicar de forma eficiente em italiano, preparando-se para se aperfeiçoar no idioma até a fluência de um falante nativo.

GUIA DE PRONÚNCIA

Em vez de símbolos fonéticos complicados, nós representamos aqui os sons da língua italiana com aproximações que você, falante de português, consegue reconhecer facilmente. Leia os exemplos em voz alta e você perceberá a pronúncia correta dos sons estrangeiros.

Introdução

Este guia de pronúncia o ajudará a desvendar os principais sons básicos do italiano. O sotaque e a musicalidade da língua serão absorvidos de forma mais eficiente quando, mais adiante, você conversar com alguém fluente.

Você encontrará neste guia explicações sobre como pronunciar as letras italianas e exemplos para cada som. Nas palavras com mais de uma sílaba, a que estiver sublinhada é a sílaba tônica (mais forte), como pro-fes-**sô**-re e **pen**-na.

A seguir, mais detalhes sobre a pronúncia italiana.

VOGAIS

a É sempre aberta, como **á** em p**á**ssaro, nunca nasalizada (como **ã** em c**a**ma). Exemplos: **gra**-tsi-e (*grazie*) e **stan**-tsa (*stanza*).
e Pode ser **é** (som aberto), como em **é**pico, p.ex. **dé**-stra (*destra*), ou **ê** (som mais fechado) antes de uma consoante simples (não dupla), como em m**e**sa, p. ex. **mê**-no (*meno*). Em alguns casos, esse som varia conforme o sotaque do falante. Ao contrário do que acontece em português, o **e** em italiano nunca é pronunciado como **i**, nem mesmo ao final de palavras.
i É sempre pronunciada como o **i** em português: si (*si*), **lêd**-dji (*leggi*).
o Pode ser **ô** (som fechado), como em p**o**rco, p. ex. **djôr**-no (*giorno*), ou **ó** (som aberto) como na palavra **ó**leo, p. ex. **ó**-ki-o (*occhio*). Assim como ocorre com a vogal **e**, pode haver variações regionais na pronúncia de **o**. A letra **o** em italiano nunca é pronunciada como **u**, nem mesmo no final das palavras.
u É sempre pronunciada como **u**: tu (*tu*), lu-ne-**dí** (*lunedì*).

CONSOANTES

Assim como em português, as consoantes c e g podem ser pronunciadas de duas formas, dependendo da letra seguinte.

Antes das vogais a, o e u e de consoantes, incluindo o h, a letra c é pronunciada como nas palavras **c**oisa e **qu**ero. Exemplos: **ka**-sa (*casa*), a-**mi**-**ke** (*amiche*), **ki**-lo (*chilo*), **ko**-sa (*cosa*) e **ku**-ra (*cura*).
Antes das vogais i e e, a letra c tem o som de **tch**, como na palavra tchau. Exemplos: **tcha**-o (*ciao*) e **tcher**-to (*certo*).

Antes das vogais a, o e u e de consoantes, exceto l e n, a letra g é pronunciada como nas palavras **g**ato e **gu**ia. Exemplos: **gat**-to (*gatto*), dit-**tôn**-go (*dittongo*), **gus**-to (*gusto*), **gras**-so (*grasso*) e **guiat**-tcho.

O g é pronunciado como **dj** quando estiver antes de i e e, como em **Dj**avan: **dj**ôr-no (giorno), **dj**ê-no-va (Genova).

A letra g, quando vem antes das consoantes l e n, pronuncia-se respectivamente como **lh** (p. ex. mi**lh**o) e **nh** (p. ex. ni**nh**o) do português. Dessa forma, a palavra gli se pronuncia **lh**i, e bagno se pronuncia ba-**nh**o.

O s é geralmente pronunciado como o s em palavras como **s**apo. Um exemplo é **s**al-**s**a (salsa). Quando o s está entre duas vogais, em alguns casos é pronunciado como o **z** de zoológico: ro-**z**a (rosa).
O encontro consonantal ss é lido como em português, com o som de s, como nas palavras passar e missa. Exemplos: prós-si-mo (prossimo) e pas-sa-to (passato).

Quando seguida de i ou e, o encontro consonantal sc é pronunciado como o **x** da palavra pu**x**ar ou o **ch** de **ch**uva. Exemplos: pro-**ch**ut-to (prosciutto) e **ch**ên-da (scenda).

A letra z pode ter o som de **ts**, como em gra-**ts**ie (grazie) e stan-**ts**a (stanza), ou som de **dz**, como em pran-**dz**o, **dz**é-ro (zero) e **dz**uk-ke-ro (zucchero). O encontro consonantal zz sempre deve ser lido com o som de **ts**, como em pi**t**-**ts**a (pizza) e pa**t**-**ts**o (pazzo).

As consoantes duplas são mais duras e fortes, e indicam uma ligeira pausa na pronúncia.

A letra l no final da sílaba e da palavra sempre tem som consonantal, e nunca deve ser pronunciada como semivogal, como na palavra portuguesa mal em diversas pronúncias no Brasil.

Lição

BUONGIORNO, COMINCIAMO!
BOM DIA, VAMOS COMEÇAR!

1

| Il professor | Ciao, Paul! |
| Valli | Olá, Paul! |

| Paul | Buongiorno, professore! Come sta? |
| | Bom dia, professor! Como vai? |

| Il professor | Bene, grazie. E tu? |
| Valli | Bem, obrigado. E você? |

| Paul | Molto bene, grazie. |
| | Muito bem, obrigado. |

| Il professor | Hai una penna, Paul? |
| Valli | Você está com uma caneta, Paul? |

| Paul | Sì, professore. Ho una penna. Ecco la penna! |
| | Sim, professor. Estou com uma caneta. Aqui está a caneta! |

Lição 1

Il professor	Hai anche un quaderno?
Valli	Você também está com um caderno?
Paul	Sì, ho anche un quaderno. Ecco il quaderno!
	Sim, também estou com um caderno. Aqui está o caderno!
Il professor	Hai il libro d'italiano?
Valli	Você está com o livro de italiano?
Paul	No, mi dispiace, non ho il libro. Ma ho il quaderno.
	Não, sinto muito, não estou com o livro. Mas estou com o caderno.
Il professor	Va bene! Dov'è il quaderno, Paul?
Valli	Tudo bem! Onde está o caderno, Paul?
Paul	Il quaderno è sulla cattedra, professore.
	O caderno está em cima a mesa, professor.
Il professor	Cosa c'è lì, sulla cattedra?
Valli	O que está ali, sobre a mesa?
Paul	C'è il quaderno e c'è anche una penna.
	Há o caderno e há também uma caneta.
Il professor	Bene! Cominciamo la lezione d'italiano, allora.
Valli	Muito bem! Vamos começar a aula de italiano, então!

DOMANDE E RISPOSTE / PERGUNTAS E RESPOSTAS

Hai una penna?	Você tem uma caneta?/ Você está com uma caneta?
Sì, ho una penna.	Sim, tenho uma caneta./ Sim, estou com uma caneta.
Hai un quaderno?	Você tem um caderno?/ Você está com um caderno?
Sì, ho un quaderno.	Sim, tenho um caderno. Sim, estou com um caderno.

Lição 1

Hai il libro d'italiano?　　Você tem o livro de italiano?
　　　　　　　　　　　　　　　Você está com o livro de italiano?

No, non ho il libro d'italiano.　Não, não tenho o livro de italiano.
　　　　　　　　　　　　　　　Não, não estou com o livro de italiano.

Dov'è la penna?　　　　　Onde está a caneta?

È sulla cattedra.　　　　　Está em cima da mesa do professor.

Cosa c'è sulla cattedra?
O que há sobre da mesa do professor?/
O que está sobre a mesa do professor?

C'è la penna./ C'è il quaderno.
Está/Há a caneta./ Está/Há o caderno.

PAROLE DA RICORDARE / PALAVRAS QUE VOCÊ DEVE LEMBRAR

Estou com um livro./Tenho um livro.　**Ho un libro.**

Aqui está o livro!　**Ecco il libro!**

Não estou com uma caneta./　**Non ho una penna.**
Não tenho uma caneta.

Aqui está a caneta!　**Ecco la penna!**

O caderno está em cima da mesa　**Il quaderno è sulla cattedra.**
do professor.

Onde está o livro?　**Dov'è il libro?**

sobre a mesa do professor　**sulla cattedra**

O que há?　**Cosa c'è?**

O que há sobre a mesa do　**Cosa c'è sulla cattedra?**
professor?

Há um caderno sobre a mesa do　**C'è un quaderno sulla**
professor.　　　　　　　　　　**cattedra.**

Sinto muito.　**Mi dispiace.**

Obrigado.　**Grazie.**

Tudo bem!/ Está bem!　**Va bene!**

Vamos começar!　**Cominciamo!**

3

GRAMMATICA / GRAMÁTICA

1. ARTICOLI / ARTIGOS

Existem três artigos indefinidos em italiano: **un**, **uno** e **una**.

Un: é um artigo indefinido usado antes de palavras masculinas iniciadas por vogais ou consoantes (**un amico** – um amigo; **un libro** – um livro), exceto diante de palavras masculinas que começam com **S** + consoante (**uno studente** – um estudante), **Z** (**uno zio** – um tio), **PN** (**uno pneumatico** – um pneumático), **PS** (**uno pseudonimo** – um pseudônimo), **GN** (**uno gnomo** – um gnomo) e **X** (**uno xilofono** – um xilofone). Nesses casos usa-se o artigo **uno**.

Una: usado antes de palavras do gênero feminino (**una donna** – uma mulher; **una penna** – uma caneta). Elide-se o **a** do artigo **una** quando o artigo anteceder palavras do gênero feminino que comecem com vogal (**un'amica** – uma amiga; **un'isola** – uma ilha).

Você aprenderá o gênero das palavras (masculino ou feminino) à medida que aprende cada palavra. A maioria das palavras que terminam em **o** é masculina, e a maioria que termina em **a**, feminina. No entanto, existem exceções. Por exemplo, **lezione** (lição/aula) e **chiave** (chave), que terminam em **e**, são femininas: **una lezione**, **una chiave**; enquanto **professore** (professor) e **studente** (aluno/estudante) são masculinas: **un professore**, **uno studente**.

Os artigos definidos do italiano, no singular, são três: **il**, **lo** e **la**.

Il acompanha as palavras do gênero masculino, no singular, iniciadas por consoantes (**il libro** – o livro; **il mare** – o mar), exceto palavras masculinas começadas por **S** + consoante (**lo studente** – o estudante), **Z** (**lo zio** – o tio), **PN** (**lo pneumatico** – o pneumático), **PS** (**lo pseudonimo** – o pseudônimo), **GN** (**lo gnomo** – o gnomo) e **X** (**lo xilofono** – o xilofone). Nesses casos usa-se o artigo **lo**. Elide-se o **o** do artigo **lo** quando acompanhar palavras do gênero masculino iniciadas por vogais (**l'amico** – o amigo; **l'oro** – o ouro).

La acompanha as palavras do gênero feminino (**la casa** – a casa; **la penna** – a caneta). Elide-se a vogal do artigo quando preceder uma palavra feminina começada por vogal (**l'amica** – a amiga; **l'isola** – a ilha).

O verbo "ter" em italiano é **avere**. As formas do verbo **avere** nas três primeiras pessoas do presente do indicativo são:

[Io] ho un libro.	[Eu] tenho um livro.
[Tu] hai una penna.	[Tu] tens uma caneta./ [Você] tem uma caneta.

Lição 1

Paulo ha il quaderno e la penna.   Paulo tem o caderno e a caneta.

---

2. **NEGATIVO SEMPLICE / NEGATIVO SIMPLES**

Em italiano, a forma mais comum de transformar uma frase em negativa é acrescentando a palavra non antes do verbo:

[Io] non ho un quaderno.	[Eu] não tenho um caderno.
[Tu] non hai una chiave.	[Tu] não tens uma chave./ [Você] não tem uma chave.
Paulo non ha il libro d'italiano.	Paulo não tem o livro de italiano.

3. **PRONOMI PERSONALI / PRONOMES PESSOAIS**

No italiano, os pronomes pessoais **io** (eu) e **tu** (tu/você) podem ser omitidos, pois as terminações dos verbos já indicam quem faz a ação. Esse assunto será aprofundado mais adiante.

VOCABOLARIO / VOCABULÁRIO

una domanda: uma pergunta
una risposta: uma resposta
la lezione: a aula/a lição
Come si dice...?: Como se diz...?
esercizi: exercícios
vocabolario: vocabulário
grammatica: gramática
esempio: exemplo
un professore: um professor
uno studente: um aluno/estudante
buongiorno: bom dia
ciao: olá/oi, tchau
grazie: obrigado/a
Grazie mille./ Tante grazie.: Muito obrigado
un'aula: uma sala de aula
una cattedra: uma mesa (do professor)
una scrivania: uma escrivaninha/mesa de trabalho
una sedia: uma cadeira
una scatola: uma caixa
una chiave: uma chave
la penna: a caneta
la matita: o lápis

Lição 1

il quaderno: o caderno
il libro: o livro
sì: sim
no: não
e: e
è: é
Cosa?: O quê?
Cosa c'è?: O que há?
Dove?: Onde?
Dov'è?: Onde está?
Ecco!: Aqui está!
io: eu
tu: tu, você
E tu?: E você?
Come sta? Como vai? (formal)
Mi dispiace.: Sinto muito.
Sto bene.: Estou bem.
molto bene: muito bem.
Va bene!: Tudo bem!/ Está bem!
allora: então, naquele momento/instante
anche: também
ma: mas
sulla: em/sobre/em cima de
lì/là: ali/lá
uno zio: um tio
una zia: uma tia
uno studio: um escritório/quarto de estudo
cominciare: começar

ESERCIZI / EXERCÍCIOS

Exercício A

Escreva os artigos definido e indefinido apropriados antes de cada palavra: **il / lo / la; un / uno / una**.

Ex.:
la/una domanda, **lo/uno** studente

_____ libro   _____ scatola

_____ chiave   _____ cattedra

_____ professore   _____ zio

_____ matita   _____ penna

_____ quaderno   _____ studio

_____ lezione   _____ sedia

Lição 1

Escreva respostas afirmativas e negativas para as seguintes perguntas:

Ex.:
Hai una penna?   Sì, ho una penna.
                       No, non ho una penna.

1. Hai il libro d'italiano? _____
2. Hai la chiave? _____
3. Hai una scatola? _____
4. Hai il quaderno d'italiano? _____

Exercício B

Come si dice? Como podemos dizer as frases abaixo em italiano?

Ex.:
O que há em cima da mesa do professor?   Cosa c'è sulla cattedra?
Há um livro.   C'è un libro.

1. Onde está o livro? _____
   Em cima da mesa do professor. _____
2. Eu não tenho o livro. _____
   Tudo bem! _____
3. Como vai? _____
   Bem, obrigado. _____
   E você? _____
4. Sinto muito! _____
   Eu não tenho uma caneta. _____
   Aqui está a caneta! _____
5. Vamos começar! _____

Exercício C

Visite <http://www.berlitzpublishing.com> para atividades extras na internet – vá à seção de downloads e conecte-se com o mundo em italiano!

Lição

2 PRESENTAZIONI: PIACERE DI CONOSCERTI!
APRESENTAÇÕES: PRAZER EM CONHECÊ-LO!

Il professor Valli	**Buongiorno, mi chiamo Marco Valli. E Lei come si chiama?** Bom dia, me chamo Marco Valli. Como você se chama?
La signorina Alberti	**Mi chiamo Anna Alberti, sono italiana. Anche Lei è italiano?** O meu nome é Anna Alberti. Sou italiana. O senhor também é italiano?
Il professor Valli	**No, non sono italiano, sono australiano. Il mio nome è italiano, ma io sono nato in Australia.** Não, não sou italiano. Sou australiano. O meu nome é italiano, mas eu nasci na Austrália.

Lição 2

La signorina Alberti	Bene! E lavora qui a Milano? Muito bem! E trabalha aqui em Milão?
Il professor Valli	Sì, lavoro a Milano, insegno italiano in una scuola. E Lei che cosa fa? Sim, trabalho aqui em Milão. Ensino italiano em uma escola. E o que você faz?
La signorina Alberti	Io sono qui per lavoro. Ho un'agenzia di viaggi a Roma. Organizziamo viaggi, congressi e convegni in Italia e all'estero. Estou aqui a trabalho. Tenho uma agência de viagens em Roma. Organizamos viagens, congressos e reuniões na Itália e no exterior.
Il professor Valli	È un lavoro interessante! Signorina, Le voglio presentare un mio studente, Paul. Paul, questa è la signorina Alberti. È italiana e viaggia molto. É um trabalho interessante! Senhorita, quero apresentá-la a um aluno meu, Paul. Paul, esta é a senhorita Alberti. É italiana e viaja muito.
Paul	Buongiorno, signorina. Molto piacere di conoscerLa! Bom dia, senhorita. Muito prazer em conhecê-la!
La signorina Alberti	Piacere Paulo! E tu di dove sei? Prazer, Paul! E você, de onde é?
Paul	Sono americano e studio italiano con il professor Valli. Sou americano e estudo italiano com o professor Valli.

Lição 2

La signorina	Bravo! Mi fa piacere conoscerti.
Alberti	Muito bem! É um prazer conhecê-lo.

DOMANDE E RISPOSTE / PERGUNTAS E RESPOSTAS

Chi sei?	Quem é você? (informal)
Sono Paulo.	Sou Paulo.
Come ti chiami?	Como você se chama? (informal)
Mi chiamo Paulo.	Me chamo Paulo.
E tu, Paulo, di dove sei?	E você, Paulo, de onde é? (informal)
Sono di Boston.	Sou de Boston.
Sono americano.	Sou americano.
Lei come si chiama?	Qual é o seu nome?/ Como você se chama? (formal)
Mi chiamo Anna Alberti.	Me chamo Anna Alberti.
Dov'è nata?	Onde a senhorita nasceu? (formal)
Sono nata in Italia.	Nasci na Itália.
Di dov'è?	De onde você é? (formal)
Sono di Milano.	Sou de Milão.
Sono italiana.	Sou italiana.
Lei, professor Valli, è italiano?	Professor Valli, o senhor é italiano? (formal)
No, non sono italiano. Sono australiano.	Não, não sou italiano. Sou australiano.
E Lei, signorina Alberti, è italiana?	E a senhorita, É italiana? (formal)
Sì, sono italiana.	Sim, sou italiana.
Sono nata in Italia.	Nasci na Itália.
E tu, Paulo, sei italiano?	E você, Paulo, é italiano? (informal)
No, non sono italiano.	Não, não sou italiano.
Sono americano.	Sou americano.
Sono nato in America.	Nasci nos Estados Unidos.
Lei, professor Valli, cosa fa?	O que você faz, professor Valli? (formal)
Sono insegnante.	Sou professor.

E dove lavora?	E onde trabalha? (formal)
Lavoro a Milano, in una scuola.	Trabalho em Milão, em uma escola.
Lei, signorina Alberti, cosa fa?	Você, senhorita, o que faz? (formal)
Sono agente di viaggi.	Sou agente de viagens.
E dove lavora?	E onde trabalha? (formal)
Lavoro a Roma, in un'agenzia di viaggi.	Trabalho em Roma, em uma agência de viagens.
E tu, Paulo, cosa fai?	E você, Paulo, o que faz? (informal)
Sono studente.	Sou estudante.
E dove studi?	E onde você estuda? (informal)
Studio in una scuola a Boston.	Estudo em uma escola em Boston.
Che cosa studi?	O que você estuda? (informal)
Studio italiano.	Estudo italiano.

E adesso, vediamo altre nazionalità:
E agora, vejamos outras nacionalidades:

Sono nato in Canada – sono canadese.
Nasci no Canadá – sou canadense.

Sono nato a Mosca – sono russo.
Nasci em Moscou – sou russo.

Sono nato in Olanda – sono olandese.
Nasci na Holanda – sou holandês.

Sono nato a Vienna – sono austriaco.
Nasci em Viena – sou austríaco.

Manuel è nato a Madrid – è spagnolo.
Manuel nasceu em Madri – é espanhol.

Greta è nata in Germania – è tedesca.
Greta nasceu na Alemanha – é alemã.

Sono giapponese e parlo il giapponese.
Sou japonês e falo japonês.

Sono svedese e parlo lo svedese.
Sou sueco e falo sueco.

Sono arabo e parlo l'arabo.
Sou árabe e falo árabe.

Lição 2

Sophia è ungherese e parla l'ungherese.
Sophia é húngara e fala húngaro.

PAROLE DA RICORDARE / PALAVRAS QUE VOCÊ DEVE LEMBRAR

Como você se chama? (formal)	Come si chiama?
Eu me chamo Anna Alberti.	Mi chiamo Anna Alberti.
De onde é? (formal)	Di dov'è?
Sou de Milão. Sou italiana.	Sono di Milano – sono italiana.
O que você faz? (formal)	Che cosa fa?
Trabalho em uma agência de viagens.	Lavoro in un'agenzia di viaggi.
E você, Paulo, de onde é? (informal)	E tu Paul, di dove sei?
Nasci em Boston. Sou americano.	Sono nato a Boston, sono americano.
O que você faz? (informal)	Che cosa fai?
Sou estudante.	Sono studente.
Estudo italiano.	Studio l'italiano.
É interessante!	È interessante!
Muito prazer em conhecê-la! (formal)	Molto piacere di conoscerLa!

GRAMMATICA / GRAMÁTICA

1. AGGETTIVI E ACCORDO / **ADJETIVOS E CONCORDÂNCIA**

Como já vimos, os **adjetivos** geralmente concordam em gênero com o substantivo ao qual se referem:

Paul è americano.

Anna è italiana.

Il professor Valli è australiano.

12

Lição 2

Há, de fato, dois tipos de adjetivos em italiano:

(1) os que terminam em **o** no masculino e mudam a terminação para **a** no feminino:
   il professore australiano, la signorina italiana
(2) os que terminam em **e** tanto no masculino como no feminino:
   un professore irlandese, una signorina irlandese

2. ARTICOLI / ARTIGOS

Como já vimos, o artigo definido tem uma forma diferente, **l'**, quando usado antes de palavras masculinas ou femininas que começam com vogal **l'**: **l'italiano, l'arabo** (o árabe), **l'amico** (o amigo), **l'amica** (a amiga). O artigo indefinido tem uma forma semelhante, **un'**, que só é usada antes de palavras *femininas* que começam com vogal: **un'agenzia, un'amica**.

3. VERBO "ESSERE" / VERBO "SER"

O verbo "ser" em italiano é **essere**. Estas são as formas do verbo **essere** nas três primeiras pessoas do presente do indicativo:

(io)	sono	americano
(tu)	sei	canadese
(lei)/la signorina Alberti	è	italiana
(lui)/il professor Valli	è	australiano

Forma negativa:

(io)	non sono	italiano
(tu)	non sei	canadese
(lei)	non è	americana
(lui)	non è	italiano

4. FARE DOMANDE / FAZER PERGUNTAS

Para fazer perguntas em italiano, basta mudar a entonação da frase: a ordem das palavras continua exatamente a mesma. Veja os seguintes exemplos de declarações (frases afirmativas e negativas) e perguntas.

Forma interrogativa:

Paul è americano. (afirmação)
Paul è americano? (pergunta)
Il professor Valli non è italiano. (afirmação)
Il professor Valli non è italiano? (pergunta)
(tu) Sei tedesco. (afirmação)
(tu) Sei tedesco? (pergunta)

Como já vimos, os *pronomes pessoais* **io** (eu), **tu** (tu/você), **lui** (ele) e **lei** (ela) são geralmente omitidos, exceto quando necessários por motivos de clareza ou ênfase.

Io sono australiano. Ma *tu* sei italiano? (Mas *você* é italiano?)

Lui è il professor Valli. Ele é o professor Valli.
Lei è la signorina Alberti. Ela é a senhorita Alberti.

Mas lembre que **Lei** também é o pronome usado em *situações formais* no lugar de *tu* ou *você*, como *o senhor, a senhora* etc. É usado quando nos dirigimos a estranhos ou, no geral, quando falamos com alguém com quem não temos muita intimidade. **Tu** é a forma direta e informal de nos dirigirmos a uma pessoa mais nova do que nós ou a alguém que conhecemos bem. O pronome **Lei** (formal) costuma ser escrito com letra maiúscula, mesmo no meio de uma frase. Ao longo das lições, sempre haverá (formal) ou (informal) para indicar se você deve usar a forma **Lei** ou **tu**.

---

5. **VERBI IN -ARE** / **VERBOS QUE TERMINAM EM -ARE**

Para conjugar os verbos que terminam em **-are** (1ª conjugação), no presente do indicativo, acrescente as seguintes terminações à raiz do verbo: **-o**, **-i**, **-a**, **-iamo**, **-ate**, **-ano**.

Eis alguns exemplos:

lavorare (lavor-are) – trabalhar
studiare – estudar
parlare – falar
presentare – apresentar
viaggiare – viajar
organizzare – organizar

A raiz do verbo é a parte antes da terminação **-are**. **viaggi-**, **lavor-**, **parl-** etc.

(io)	**lavor-o in un'agenzia di viaggi**
(tu)	**stud-i l'italiano**
(tu)	**stud-i l'italiano?** (informal)
Anna	**viaggi-a molto**
Lei	**viaggi-a molto?** (formal)

Lição 2

Paulo	non lavor-a, studi-a
(io)	present-o Paul ad Anna
(tu)	parl-i italiano
(tu)	parl-i italiano? (informal)
Paulo	organizz-a un viaggio in Italia
Lei	organizz-a un viaggio in Italia? (formal)

Observação: o verbo fare (fazer) é irregular.
Estas são as formas do verbo fare nas três pessoas do singular do presente do indicativo:

faccio

fai

fa

(Tu) Paulo, che cosa fai? (informal) Sono studente.
(Lei) Signorina Alberti, che cosa fa? (formal) Sono agente di viaggi.
Observe que se usa o verbo essere para falar de profissão.

VOCABOLARIO / VOCABULÁRIO

lavorare: trabalhar
un lavoro interessante: um trabalho interessante
viaggiare: viajar
viaggio: viagem
agenzia di viaggi: agência de viagens
agente di viaggi: agente de viagens
insegnare: ensinar
insegnante: professor
presentare: apresentar
presentazione: apresentação
parlare: falar
studiare: estudar
organizzare: organizar
scuola: escola
un congresso: um congresso
un convegno: uma reunião/convenção
Molto piacere.: Muito prazer.
Come ti chiami? (informal): Como você se chama?
Come si chiama? (formal): Como se chama?
Che cosa fai? (informal): O que você faz?
Che cosa fa? (formal): O que você faz?

15

Lição 2

> **Di dove sei?** (informal)**:** De onde você é?
> **Di dov'è?** (formal): De onde você é?
> **Sono di Milano.:** Sou de Milão.
> **Lavoro a Milano, in Italia.:** Trabalho em Milão, na Itália.
> **Sono nato a Boston, in America.:** Nasci em Boston, nos Estados Unidos.

Observação: Usa-se a preposição **a** antes de nomes de cidades e **in** antes de nomes de países.

Outras preposições:

di/da: de (indicando procedência)
di: de
con: com
a: a/para (indicando destino)
per: para

Adjetivos:

francese: francês
un amico francese: um amigo francês
una ragazza francese: uma garota francesa
belga: belga
un ragazzo belga: um garoto belga
una ragazza belga: uma garota belga
svizzero: suíço
parlare tedesco: falar alemão
studiare inglese: estudar inglês
viaggiare all'estero: viajar ao exterior
nazionalità italiana: nacionalidade italiana

ESERCIZI / EXERCÍCIOS

Exercício A

Escreva as terminações dos adjetivos abaixo para concordar com os substantivos ou pessoas a que se referem:

la signorina italian _____   un'agenzia olandes _____

il professore australian _____   Greta è tedesc _____

il ragazzo belg _____   Paul è american _____

l'amica giappones _____   parliamo la lingua svedes _____

la ragazza svizzer _____   Manuel è spagnol _____

un amico ungheres _____   È nato a Mosca – è russ _____

la scuola american _____

Lição 2

Exercício B

Complete as frases abaixo usando as formas apropriadas dos verbos **essere** e **fare**, e acrescente as terminações corretas dos verbos que estiverem incompletos:

1. Io _____ di Boston, e Lei, signorina Alberti, di dov'_____? _____ di Milano.
2. Tu _____ inglese, Paul? No, non _____ inglese, _____ americano.
3. Di dove _____, Paul? _____ di Boston.
4. Lei, signorina Alberti, _____ di Milano? Si, _____ di Milano, _____ italiana.
5. Mi chiam _____ Marco Valli e _____ australiano.
6. Paul studi _____ l'italiano con il professor Valli.
7. Lei, signorina, come si chiam _____? Mi chiam _____ Anna Alberti.
8. Io non lavor _____ in Italia, lavor _____ qui a Boston. E tu dove lavor _____?
9. La signorina Alberti lavor _____ a Roma ed _____ agente di viaggi. E tu che cosa f _____?
10. Io _____ nato in Australia, ma parl _____ bene italiano.
11. (Tu) Parl _____ bene l'inglese, ma non parl _____ l'italiano.
12. Tu di dove _____ Greta? _____ nata in Germania e parl _____ il tedesco e l'italiano.
13. E la tua amica di dov' _____? _____ tedesca anche lei.
14. Lei, professor Valli, cosa f _____? _____ professore d'italiano, insegn _____ in una scuola.
15. Tu, Paul, che cosa f _____? _____ studente, studi _____ l'italiano con il professor Valli.
16. Lei, signorina Alberti, viaggi _____ molto? Si, viaggi _____ molto in Italia e all'estero.
17. Organizz _____ viaggi e congressi.
18. Il professor Valli present _____ un suo studente alla signorina Alberti.

Lição 2

Exercício C

Apenas uma das opções de cada frase é correta. Qual é?

1. Sono nato
   - (a) in
   - (b) a   Boston
   - (c) per

2. Sono
   - (a) in
   - (b) a   America
   - (c) per

   - (a) in
   - (b) a   lavoro
   - (c) per

3. Lavoro
   - (a) in
   - (b) a   un'agenzia
   - (c) da

   - (a) in
   - (b) a   viaggi
   - (c) di

4. Insegno
   - (a) in
   - (b) a   Milano
   - (c) da

   - (a) in
   - (b) a   una scuola
   - (c) da

5. Sono italiana, sono
   - (a) di
   - (b) a   Milano
   - (c) da

6. Studio l'italiano
   - (a) da
   - (b) per   il professor Valli
   - (c) con

Exercício D

Preencha a ficha abaixo com os seus dados pessoais:

Cognome: _____

Nome: _____

Data e luogo di nascita: _____

Indirizzo: _____

Nazionalità: _____

Visite <http://www.berlitzpublishing.com> para atividades extras na internet – vá à seção de download e conecte-se com o mundo em italiano!

Lição

ANNA PARTE PER UN VIAGGIO DI LAVORO
ANNA FAZ UMA VIAGEM DE NEGÓCIOS

3

Paul	**Anna, hai il biglietto aereo?**
	Anna, você está com a passagem aérea?
Anna	**Sì, Paul, ce l'ho. Non preoccuparti, è già nella borsa.**
	Sim, Paulo, estou. Não se preocupe. Já está na bolsa.
Paul	**Sono pronte le valigie?**
	As malas estão prontas?
Anna	**Certo, è tutto pronto! Ci sono dei vestiti, delle scarpe, dei pantaloni, delle camicie e anche due giacche nelle valigie. Non ho dimenticato niente!**
	É claro, está tudo pronto! Há algumas roupas, alguns sapatos, algumas calças, algumas camisas e também duas jaquetas na mala. Não esqueci nada!

19

Lição 3

Paul Hai anche il passaporto?
Você também está com o passaporte?

Anna No, non ho il passaporto, ho la carta d'identità.
Não, não estou com o passaporte. Estou com a carteira de identidade.

Paul Bene! E dove vai? Ritorni a casa, a Roma?
Tudo bem! E aonde você vai? Vai para casa, em Roma?

Anna No, non vado a casa. Vado a Torino per una riunione.
Não, não vou para casa. Vou a Turim para uma reunião.

Paul Roma è la capitale e si trova nell'Italia centrale, ma dov'è Torino?
Roma é a capital e fica na região central da Itália, mas onde fica Turim?

Anna Sì, Roma è al centro e Torino è nel nord d'Italia.
Sim, Roma está no centro, e Turim está no norte da Itália.

Paul Anna, come vai all'aeroporto? Prendi la metropolitana o vai in autobus?
Anna, como você vai ao aeroporto? Vai pegar o metrô ou vai de ônibus?

Anna Prendo un taxi, è più comodo.
Vou pegar um táxi. É mais conveniente.

Lição 3

Paul   Quanto ci mette il taxi ad arrivare all'aeroporto?
Quanto tempo leva o táxi para chegar ao aeroporto?

Anna   Ci mette quasi un'ora.
Leva quase uma hora.

Paul   E quando parti? Oggi?
E quando você parte? Hoje?

Anna   No, non parto oggi. Parto domani mattina.
Não, não parto hoje. Parto amanhã pela manhã.

Paul   A che ora?
A que horas?

Anna   Parto presto, parto da qui alle otto.
Parto cedo, saiu daqui às oito.

Paul   Ma torni presto, me lo prometti?
Mas você volta logo, promete?

Anna   Certo, tra una settimana. Mi mancherai, Paul!
Claro, dentro de uma semana. Sentirei a sua falta, Paul!

Paul   Anche tu mi mancherai. Buon viaggio, Anna!
Também sentirei a sua falta. Boa viagem, Anna!

Anna   Arrivederci, Paul! Appena arrivo a Torino, ti mando una bella cartolina.
Até logo, Paulo! Assim que eu chegar a Turim, lhe envio um belo cartão-postal.

Lição 3

DOMANDE E RISPOSTE / PERGUNTAS E RESPOSTAS

Hai il biglietto?
Você está com a passagem?

Sì, ce l'ho.
Sim, estou.

Hai il passaporto?
Você está com o passaporte?

No, non ho il passaporto. Ho la carta d'identità.
Não, não estou com o passaporte. Estou com a carteira de identidade.

Dov'è il biglietto aereo?
Onde está a passagem aérea?

È nella borsa di Anna.
Está na bolsa de Anna.

Dove sono i vestiti e le scarpe di Anna?
Onde estão as roupas e os sapatos de Anna?

Sono nella valigia.
Estão na mala.

Cosa c'è nella valigia di Anna?
O que há na mala de Anna?

Ci sono dei vestiti, delle scarpe e anche delle camicie e dei pantaloni.
Há algumas roupas, alguns sapatos e também algumas camisas e algumas calças.

Sono pronte le valigie?
As malas estão prontas?

Sì, sono pronte. È tutto pronto!
Sim, estão prontas. Está tudo pronto!

Dove va Anna?
Aonde vai Anna?

Va a Torino per lavoro.
Vai a Turim a trabalho.

Dov'è Roma?
Onde fica Roma?

È nell'Italia centrale.
Fica na região central da Itália.

Dov'è Torino?
Onde fica Turim?

È nel nord d'Italia.
Fica no norte da Itália.

Dove sono Roma e Torino?
Onde ficam Roma e Turim?

Sono in Italia. Sono due città italiane.
Ficam na Itália. São duas cidades italianas.

Come vai all'aeroporto?
Como você vai ao aeroporto?

Vado in treno.
Vou de trem.

Come va Anna all'aeroporto?
Como Anna vai ao aeroporto?

Prende un taxi.
Ela vai pegar um táxi.

Quanto ci mette il taxi per l'aereoporto? Quanto tempo leva o táxi para chegar ao aeroporto?	**Ci mette quasi un'ora.** Leva quase uma hora.
Quando parte Anna? Quando Anna parte?	**Parte domani mattina presto.** Parte amanhã de manhã cedo.
A che ora? A que horas?	**Alle otto.** Às oito.
Quando torni? Quando você volta?	**Torno presto.** Volto logo.
Me lo prometti? Promete?	**Te lo prometto.** Prometo.
Quando torna Anna? Quando Anna volta?	**Tra una settimana.** Dentro de uma semana.
Cosa mi mandi da Torino? O que você me manda de Turim?	**Ti mando una cartolina.** Mando-lhe um cartão-postal.
Cosa manda Anna a Paulo da Torino? O que Anna Manda a Paulo de Turim?	**Gli manda una bella cartolina.** Ela lhe manda um belo cartão-postal.

PAROLE DA RICORDARE / PALAVRAS QUE VOCÊ DEVE LEMBRAR

Estou com a passagem.	**Ho il biglietto.**
Não estou com o passaporte.	**Non ho il passaporto.**
As malas estão prontas.	**Le valigie sono pronte.**
Tudo está pronto.	**È tutto pronto.**
A jaqueta está na bolsa.	**La giacca è nella borsa.**
Não esqueci nada.	**Non ho dimenticato niente.**
Não se preocupe.	**Non preoccuparti.**
Vou para casa.	**Vado a casa.**
Vou a uma reunião.	**Vado a una riunione.**
Pego um táxi.	**Prendo un taxi.**

Lição 3

Pego o metrô.	Prendo la metropolitana.
Vou de ônibus.	Vado in autobus.
quase uma hora	quasi un'ora
Parto hoje.	Parto oggi.
A que horas?	A che ora?
Parto cedo.	Parto presto.
Volto logo.	Ritorno presto.
Volto dentro de uma semana.	Ritorno tra una settimana.
Sinto sua falta.	Mi manchi molto.
Boa viagem!	Buon viaggio!
Até logo!/ Nos vemos em breve!	Arrivederci a presto.

GRAMMATICA / GRAMÁTICA

1. ARTICOLO DETERMINATIVO E ACCORDO / ARTIGO DEFINIDO E CONCORDÂNCIA

O artigo definido il (usado para substantivos masculinos) muda para i no plural, enquanto os artigos definidos la (usado para substantivos femininos) e l' (usado para substantivos femininos que começam com vogal) mudam para le:

il biglietto	i biglietti
il vestito	i vestiti
il viaggio	i viaggi
il ragazzo	i ragazzi
la valigia	le valigie
la camicia	le camicie
la cartolina	le cartoline
la ragazza	le ragazze

24

l'agenzia	le agenzie
l'amica	le amiche

Os artigos definidos **lo** (usado para substantivos masculinos que começam com **z**, **s** + cons., **PN**, **PS**, **GR** e **X**) e **l'** (usado para substantivos masculinos que começam com vogal) mudam para **gli** no plural.

lo studente	gli studenti
lo zio	gli zii
l'aereo	gli aerei
l'amico	gli amici
l'insegnante	gli insegnanti

Os substantivos e adjetivos masculinos que terminam em **o** formam o plural mudando o **o** para **i**, enquanto os substantivos e adjetivos femininos que terminam em **a** formam o plural mudando o **a** para **e**:

il vestito rosso	i vestiti rossi
la valigia piccola	le valigie piccole
il treno comodo	i treni comodi
la ragazza curiosa	le ragazze curiose

Os substantivos e adjetivos que terminam em **e**, sejam masculinos ou femininos, formam o plural mudando o **e** para **i**:

lo studente intelligente	gli studenti intelligenti
la lezione interessante	le lezioni interessanti

Observação: Para manter o som de **q**uero e **g**ato, os substantivos e adjetivos femininos que terminam em **-ca** e **-ga** recebem um **-h** antes da vogal no plural, tornando-se **-che** e **-ghe**. Alguns substantivos e adjetivos masculinos que terminam em **-co** e **-go** também mudam para **-chi** e **-ghi** no plural.

la giacca bianca	le giacche bianche (as jaquetas brancas)
il pacco	i pacchi (os pacotes)

Lição 3

il lago	i laghi (os lagos)
il parco	i parchi (os parques)
il ragazzo stanco	i ragazzi stanchi (os garotos cansados)
la ragazza stanca	le ragazze stanche (as garotas cansadas)
il tavolo largo	i tavoli larghi (as mesas grandes)
la borsa bianca	le borse bianche (as bolsas brancas)

Mas lembre que o plural de l'amico é gli amici.

---

2. ESSERE E AVERE / SER E TER

Para formar frases no plural, você precisa saber conjugar os verbos nas pessoas do plural. Abaixo estão alguns exemplos das conjugações no plural de essere, avere e alguns verbos da primeira conjugação, que terminam em -are, vistos na lição anterior.

Essere (ser)

Noi *siamo* a Roma per lavoro, voi per svago.
Nós estamos em Roma a trabalho; vocês, por lazer.

Tu e Paulo (voi) *siete* in vacanza.
Você e Paulo (vocês) estão de férias.

I vestiti di Anna *sono* nella valigia.
As roupas de Anna estão na mala.

Il biglietto aereo e la carta d'identità *sono* nella borsa di Anna.
A passagem aérea e a carteira de identidade estão na bolsa de Anna.

Anna e Paulo *sono* amici.
Anna e Paulo são amigos.

Avere (ter)

Noi *abbiamo* i biglietti ma *non abbiamo* il passaporto.
Nós temos as passagens, mas não temos o passaporte.

Tu e Paulo *avete* i vestiti e le camicie nella valigia.
Você e Paulo têm roupas e camisas nas malas.

Lição 3

Anna e Paulo *hanno* una settimana di vacanza.
Anna e Paulo têm uma semana de férias.

---

3. ALTRI VERBI IN -ARE / OUTROS VERBOS QUE TERMINAM EM -ARE

Você já aprendeu estes verbos, que terminam em -are, na lição anterior: **cominciare:** começar; **viaggiare:** viajar; **studiare:** estudar; e **lavorare:** trabalhar.

Aqui estão mais alguns verbos:

abitare: morar
aspettare: esperar
tornare/ritornare: voltar/retornar
parlare: falar
dimenticare: esquecer
mandare: mandar/enviar

Anna e io *abitiamo* a Milano, ma *viaggiamo* molto. *Ritorniamo* a casa solo per le vacanze.
Anna e eu moramos em Milão, mas viajamos muito. Voltamos para casa só nas férias.

Noi *aspettiamo* il treno, voi *aspettate* l'autobus.
Nós estamos esperando o trem, você está esperando o ônibus.

Voi (tu e Paulo) *studiate* l'italiano e *cominciate* la lezione alle otto.
Vocês (você e Paulo) estudam italiano e começam a aula às oito.

Anna e i suoi amici *lavorano* in un'agenzia di viaggi.
Anna e os seus amigos trabalham em uma agência de viagens.

Anna e Paulo *parlano* e *dimenticano* di partire.
Anna e Paulo conversam e se esquecem de sair.

Le amiche di Anna *mandano* delle cartoline da Roma.
As amigas de Anna mandam alguns cartões-postais de Roma.

Agora compare estas frases no singular e no plural:

(Io) **abito** a Boston e **ritorno** in Italia per le vacanze.
Anna ed io **abitiamo** a Boston e **ritorniamo** in Italia per le vacanze.

Anna **è** italiana ma **lavora** a Boston.
Anna e i suoi amici **sono** italiani ma **lavorano** a Boston.

C'è un libro sul tavolo.
Ci sono dei libri sul tavolo.

27

Lição 3

Tu **viaggi** con una valigia piccola.
Tu e Anna **viaggiate** con delle valigie piccole.

Os verbos andare (ir) e fare (fazer) são irregulares. Observe que as raízes desses verbos mudam, e a letra n na terceira pessoa do plural é duplicada: vanno, fanno.

Andare (ir)	Fare (fazer)
(io) vad-o a casa	(io) facci-o le valigie
(tu) va-i a casa	(tu) fa-i le valigie
Anna v-a a Roma	Anna f-a le valigie
(noi) and-iamo in treno	(noi) facc-iamo le valigie
(voi) and-ate in taxi (voi)	f-ate le valigie
(loro) va-nno in autobus	(loro) fa-nno le valigie

VOCABOLARIO / VOCABULÁRIO

arrivare: chegar
arrivare all'aeroporto/alla stazione: chegar ao aeroporto/à estação
abitare (a Roma): morar (em Roma)
partire: partir/sair
partire dalla stazione: sair da estação
viaggiare: viajar
un viaggio di lavoro: uma viagem a trabalho
una riunione di lavoro: uma reunião de trabalho
tornare/ritornare: voltar/retornar
tornare/ritornare a casa: voltar/retornar a casa
mandare (una lettera/una cartolina): mandar/enviar (uma carta/um cartão-postal)
mancare: faltar
perdere il treno: perder o trem
dimenticare: esquecer
ricordare: lembrar/recordar
preoccuparsi: preocupar-se
promettere: prometer
salutare: cumprimentar
quando: quando
come: como
quanto tempo?: quanto tempo?
a che ora?: a que horas?

quasi un'ora: quase uma hora
oggi: hoje
domani: amanhã
presto: cedo, logo/em breve
tardi: tarde
(non) appena: assim que
già: já
quasi: quase
Torno presto.: Volto logo/em breve.
Torna presto!: Volte logo/em breve! (imperativo)
Torno subito.: Volto logo/rapidinho.
tra una settimana: dentro de uma semana
vacanza: férias
una settimana di vacanza: uma semana de férias
comodo: confortável, conveniente
valigia: mala
bagaglio (a mano): bagagem (de mão)
vestiti: roupas
vestito da donna: vestido
vestito da uomo: terno
giacca: jaqueta
un paio di pantaloni: um par de alças
un paio di scarpe: um par de sapatos
camicia: camisa
camicetta: blusa/camisa feminina
camicia bianca: camisa branca
fare le valigie: fazer as malas
disfare le valigie: desfazer as malas
biglietto aereo: passagem aérea
biglietto della metropolitana: passagem de metrô
biglietto dell'autobus: passagem de ônibus
biglietto del treno: passagem de trem
ragazzo: garoto
ragazza: garota
parco: parque
lago: lago
macchina: carro
tavolo: mesa
borsa: bolsa
pacco: pacote
interessante: interessante
piccolo: pequeno
breve: breve/curto (tempo)
rosso: vermelho
bianco: branco
prendere: pegar

> **prendere l'aereo:** pegar o avião
> **prendere un taxi:** pegar um táxi
> **aspettare:** esperar
> **aspettare il treno:** esperar o trem
> **andare:** ir
> **andare in autobus:** ir de ônibus
> **andare a piedi:** ir a pé, caminhar
> **Buon viaggio!:** Boa viagem!
> **Arrivederci a presto.:** Até mais!/Até logo!/Nos vemos em breve!

ESERCIZI / EXERCÍCIOS

Exercício A

Reescreva as frases abaixo no plural:

Ex.:
(tu) Hai il biglietto?
(voi) Avete i biglietti?

1. L'amica di Anna è a Roma. _____
2. Anna lavora in un'agenzia di viaggi. _____
3. (Io) vado all'aeroporto in taxi. _____
4. C'è il vestito nella valigia. _____
5. La giacca è nella borsa. _____
6. (Io) non ho il biglietto. _____
7. Tu sei in vacanza. _____
8. Anna non va in metropolitana, va in taxi. _____
9. (Io) ritorno tra una settimana. _____
10. La valigia è pronta. _____
11. (Tu) viaggi molto. _____
12. L'amica di Anna manda una cartolina da Roma. _____
13. Paul studia la lezione. _____
14. (Io) faccio la valigia. _____

Lição 3

15. (Tu) non torni a casa presto, torni tardi.
   _____

16. (Tu) Cosa fai oggi? _____

Com base no diálogo desta lição, responda às seguintes perguntas sobre Anna e a Itália:

Exercício B

1. Dove va Anna? _____
2. Ha il passaporto? _____
3. Dov'è il biglietto aereo? _____
4. Cosa c'è nella valigia di Anna? _____
5. Come va all'aeroporto? _____
6. Quando parte? _____
7. Quanto ci mette il taxi ad arrivare all'aeroporto?
   _____
8. Quando ritorna? _____
9. Cosa manda a Paul appena arriva a Torino?
   _____
10. Come saluta Paul?
    _____
11. Dov'è Roma? _____
12. Dov'è Torino? _____

> Visite <http://www.berlitzpublishing.com> para atividades extras na internet – vá à seção de download e conecte-se com o mundo em italiano!

Lição

4 UN INVITO
UM CONVITE

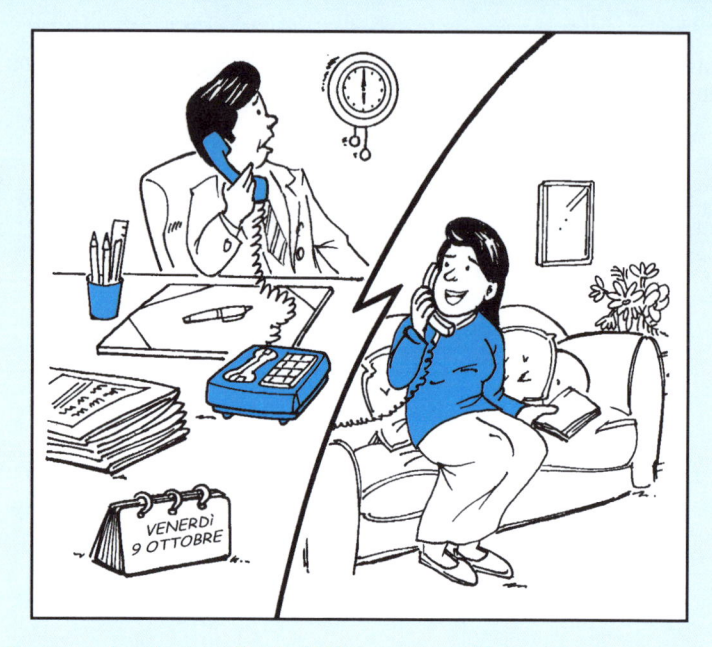

Da casa, la signora Carla Valli, moglie di Marco Valli, telefona a un amico in ufficio.
De casa, a sra. Carla Valli, esposa de Marco Valli, telefona a um amigo no escritório.

Carla Valli **Pronto. Roberto, come stai? Io sto bene, grazie. Sono solo un po' stanca. Sai com'è, i bambini, la casa, il lavoro…**
Alô. Roberto, como vai? Eu estou bem, obrigada. Só estou um pouco cansada. Sabe como é, as crianças, a casa, o trabalho…

L'amico al telefono **Oh, capisco! Anch'io ho avuto una brutta settimana. Sono stato in ufficio fino a tardi lunedì, martedì e mercoledì. Ieri abbiamo avuto degli ospiti stranieri tutto il giorno e oggi sono distrutto. Non vedo l'ora di andare a casa!**
Oh, eu entendo! Eu também tive uma semana terrível. Fiquei no escritório até tarde na segunda, terça e quarta-feira. Ontem recebemos uns hóspedes estrangeiros o dia inteiro, e hoje estou acabado. Não vejo a hora de ir para casa!

Carla Valli	Ti telefono proprio per tirarti su. Io e Marco stiamo organizzando una serata a teatro con degli amici. Ci sono Aldo e Beppe, i colleghi di Marco. Li conosci. E poi c'è Valeria, una mia amica molto simpatica. Estou telefonando exatamente para animá-lo. Eu e Marco estamos organizando uma ida ao teatro à noite com alguns amigos. Estão lá Aldo e Beppe, colegas de Marco. Você os conhece. E Valéria também, uma amiga minha muito simpática.
L'amico al telefono	Benissimo, e dove andate? Ótimo. E aonde vocês vão?
Carla Valli	Andiamo a vedere *Liolà*, una commedia di Pirandello. Vieni con noi? Vamos ver *Liolà*, uma comédia de Pirandello. Você vem conosco?
L'amico al telefono	No, grazie, non posso! Sono troppo stanco. Vengo con voi la prossima volta. Não, obrigado, não posso! Estou cansado demais. Vou com vocês da próxima vez.
Carla Valli	Mi dispiace, ma adesso devo lasciarti. Sono già le sei e tra due ore abbiamo appuntamento con gli amici di Marco in centro. Devo preparare la cena e mettere a letto i bambini per le otto, se vogliamo essere puntuali. Sinto muito, mas agora preciso desligar. Já são seis horas, e em duas horas temos de encontrar os amigos de Marco no centro. Tenho que preparar o jantar e pôr as crianças na cama antes das oito, se quisermos ser pontuais.
L'amico al telefono	Arrivederci allora, Carla, e grazie per l'invito. Divertiti! Ci vediamo un'altra volta. Então até mais, Carla, e obrigado pelo convite. Divirta-se! Nos vemos numa próxima vez.
Carla Valli	A presto, Roberto. E cerca di riposarti un po' questo fine settimana! Até logo, Roberto. E procure descansar um pouco neste fim de semana!

DOMANDE E RISPOSTE / PERGUNTAS E RESPOSTAS

Come stai?
Como vai? (informal)

Sto bene, grazie.
Estou bem, obrigado/obrigada.

Lição 4

Cosa fate stasera?
O que vocês vão fazer hoje à noite?

Stiamo organizzando una serata con gli amici.
Estamos organizando uma saída de noite com os amigos.

Dove andate?
Aonde vocês vão?

Andiamo a teatro/al cinema/ al ristorante.
Vamos ao teatro/cinema/restaurante.

Cosa andate a vedere?
O que vocês vão ver?

Una commedia/un film.
Uma peça de teatro/um filme.

Vieni con noi?
Você vem conosco? (informal)

Sì, volentieri.
Sim, com prazer.
No grazie, non posso.
Não, obrigado, não posso.
Vengo la prossima volta.
Vou da próxima vez.
Grazie per l'invito.
Obrigado pelo convite.

Conosci i colleghi di Marco?
Você conhece os colegas de Marco? (informal)

Sì, li conosco./ No, non li conosco.
Sim, eu os conheço./ Não, não os conheço.

Che giorno è oggi?
Que dia é hoje?

È lunedì/martedì/mercoledì/ giovedì/venerdì/sabato/ domenica.
É segunda-feira/terça-feira/quarta-feira/quinta-feira/sexta-feira/sábado/domingo.

Sai che giorno è oggi?
Você sabe que dia é hoje? (informal)

No, non lo so.
Não, não sei.
Sì, lo so. È venerdì.
Sim, eu sei. É sexta-feira.

Cosa fai il fine settimana?
O que você vai fazer no fim de semana? (informal)

Mi riposo.
Vou descansar.
Vado al mare.
Vou à praia.
Vado in montagna.
Vou para as montanhas.
Vado in campagna.
Vou ao campo.

Sei sempre puntuale?
Você é sempre pontual? (informal)

Sì, sono sempre puntuale.
Sim, sou sempre pontual.

Lição 4

Sei mai in ritardo?
Você, às vezes, se atrasa? (informal)

Sì, qualche volta.
Sim, algumas vezes.

Sei stanco?
Você está cansado? (informal)

Sì, sono stanco, sono distrutto.
Sim, estou cansado. Estou acabado.
Ho avuto una brutta settimana.
Tive uma semana terrível.

PAROLE DA RICORDARE / PALAVRAS QUE VOCÊ DEVE LEMBRAR

Como vai? (informal)	Come stai?
Como vai, sra. Valli? (formal)	Come sta, signora Valli?
Estou um pouco cansado.	Sono un po' stanco.
Ah, sei como é!/ Ah, eu entendo!	Ah, capisco!
Não vejo a hora de ir para casa!	Non vedo l'ora di andare a casa!
para animá-lo (informal)	per tirarti su
um amigo meu muito simpático/ uma amiga minha muito simpática	un mio amico molto simpatico/una mia amica molto simpatica/
Aonde você vai? (informal) Aonde vocês vão?	Dove vai? (sing.) Dove andate? (plur.)
Você vem conosco? (informal)/ Vocês vêm conosco?	Vieni con noi? (sing.) Venite con noi? (plur.)
Não posso fazer isso!	Non ce la faccio!
Vou da próxima vez.	Vengo la prossima volta.
em uma outra ocasião	un'altra volta
Tenho que ir agora./ Tenho que desligar (o telefone) agora.	Devo lasciarti adesso.
em uma hora	tra un'ora
em duas horas	tra due ore
ser pontual	essere puntuale
Obrigado pelo convite.	Grazie per l'invito.

35

Lição 4

Relaxe!/ Descanse! (informal)	**Riposati!**
Divirta-se! (informal)	**Divertiti!**

GRAMMATICA / GRAMÁTICA

1. VERBI IN -ERE / VERBOS QUE TERMINAM EM -ERE

Para conjugar os verbos que terminam em -ere (2ª conjugação) no presente do indicativo, acrescente as terminações -o, -i, -e, -iamo, -ete, -ono à raiz do verbo.

Observe os seguintes exemplos:
conoscere: conhecer
vedere: ver

(io)	conosc-o	ved-o
(tu)	conosc-i	ved-i
Anna	conosc-e	ved-e
(noi)	conosc-iamo	ved-iamo
(voi)	conosc-ete	ved-ete
(loro)	conosc-ono	ved-ono

Aqui estão outros verbos que terminam em -ere e são comumente usados:
leggere (ler), mettere (colocar/pôr), scrivere (escrever), vivere (viver/morar).

Apesar de terminar em -ere, o verbo sapere (saber) é irregular. Observe como a raiz muda:

s-o	sapp-iamo
s-ai	sap-ete
s-a	s-anno

Observe a diferença entre sapere e conoscere:

Conosci gli amici di Marco? No, non li conosco. (Não os conheço.)

Sai che giorno è oggi? Non lo so. (Não sei./ Não tenho essa informação.)

Observe as frases abaixo:

C'è *una* giacca *nella* borsa.
Ci sono *delle* giacche *nelle* borse.
Ci sono *dei* vestiti, *delle* scarpe, *dei* pantaloni e *delle* camicie *nella* borsa di Anna.
Vado *all'*aeroporto.
Mando *una* cartolina *da* Roma.
Mandiamo *delle* cartoline *da* Roma.
Carla Valli telefona *da* casa *all'*amica *in* ufficio.

2. PREPOSIZIONI ARTICOLATE / CONTRAÇÕES ENTRE PREPOSIÇÕES E ARTIGOS

Em italiano, expressa-se a ideia de *algum/alguns/uns/umas* com **di** seguido do artigo definido. Quando as preposições **di** (de, indicando posse ou procedência), **a** (para, em), **da** (de, por, desde), **in** (em, dentro de) e **su** (em, sobre, em cima de, por cima de) precedem um artigo definido, as duas palavras se juntam para formar uma única palavra, como mostra a tabela abaixo.

	il	la	lo	l'	i	le	gli
di	del	della	dello	dell'	dei	delle	degli
a	al	alla	allo	all'	ai	alle	agli
da	dal	dalla	dallo	dall'	dai	dalle	dagli
in	nel	nella	nello	nell'	nei	nelle	negli
su	sul	sulla	sullo	sull'	sui	sulle	sugli

3. AGGETTIVI: QUELLO E BELLO / ADJETIVOS: *QUELLO* (AQUELE) E *BELLO* (BELO)

Os adjetivos **quello** (aquele) e **bello** (belo/bonito, legal), quando usados antes de um substantivo, seguem um padrão semelhante ao dos artigos definidos:

quel	quella	quello	quell'	quei	quelle	quegli
bel	bella	bello	bell'	bei	belle	begli

Lição 4

Observe as frases abaixo e note como as preposições, os adjetivos e os verbos mudam no plural:

Singular	Plural
un bel ragazzo straniero	dei bei ragazzi stranieri
conosci quella bella ragazza	conoscete quelle belle ragazze
una bella cartolina	delle belle cartoline
un collega d'ufficio	dei colleghi d'ufficio
vado al concerto	andiamo ai concerti
vado a un bel concerto	andiamo a dei bei concerti
metto quel libro sulla scrivania	mettiamo quei libri sulle scrivanie
conosci quello studente?	conoscete quegli studenti?
lavora nell'ufficio italiano	lavorano negli uffici italiani
hai una bella giacca bianca	avete delle belle giacche bianche
c'è un bel bambino nel parco	ci sono dei bei bambini nei parchi

---

4. NUMERI DA 1 A 20 / **NÚMEROS DE 1 A 20**

Adesso impariamo a contare da 1 a 20:
Agora vamos aprender a contar de 1 a 20:

1	2	3	4	5	6	7	8	9	10
uno	due	tre	quattro	cinque	sei	sette	otto	nove	dieci
11	12	13	14		15				
undici	dodici	tredici	quattordici		quindici				
16	17	18	19		20				
sedici	diciassette	diciotto	diciannove		venti				

C'è solo uno studente in classe. Ci sono dieci studenti in classe.
Há apenas um aluno na aula. Há dez alunos na aula.

Lição 4

Anna parte alle otto.
Anna sai às oito.

Roma e Milano sono due città italiane.
Roma e Milão são duas cidades italianas.

C'è solo una giacca nella borsa di Anna. Ci sono tre giacche nella borsa di Anna.
Há apenas uma jaqueta na bolsa de Anna. Há três jaquetas na bolsa de Anna.

Questa è la lezione quattro.
Esta é a lição quatro.

Quante lingue parli? Parlo due lingue: l'inglese e un po' d'italiano.
Quantas línguas você fala? Falo duas línguas: inglês e um pouco de italiano.

Anna sa parlare cinque lingue: l'inglese, il tedesco, lo spagnolo, il russo e naturalmente l'italiano.
Anna sabe falar cinco línguas: inglês, alemão, espanhol, russo e, é claro, italiano.

Ci sono sette giorni in una settimana.
Há sete dias em uma semana.

Ci sono dodici mesi in un anno.
Há doze meses em um ano.

VOCABOLARIO / VOCABULÁRIO

invito: convite
invitare: convidar
teatro: teatro
ristorante: restaurante
concerto: concerto, show (de música)
ufficio: escritório
città: cidade
commedia: comédia/peça de teatro
spettacolo teatrale: peça de teatro
moglie: esposa
marito: marido
bambino: criança, menino
collega: colega
ospite: hóspede
straniero: estrangeiro
conoscere: conhecer
sapere: saber
divertirsi: divertir-se
riposarsi: repousar, descansar, relaxar
mettere a letto: pôr na cama

Lição 4

preparare la colazione/il pranzo/la cena: preparar o café da manhã/almoço/jantar
essere un po' stanco: estar um pouco cansado
tirare su: animar, alegrar
organizzare: organizar
pensare: pensar
telefonare: ligar/telefonar
leggere: ler
scrivere: escrever
vivere: viver/morar
vedere: ver
vado al mare: vou à praia
vado in montagna: vou às montanhas
ieri: ontem
mese: mês
anno: ano
un'ora: uma hora
mezz'ora: meia hora
questa settimana: esta semana
una brutta settimana: uma semana ruim/terrível
questo fine settimana: este fim de semana
mattina: manhã
sera: noite
giorno: dia
tutto il giorno: o dia inteiro/o dia todo
lunedì, martedì, mercoledì, giovedì, venerdì, sabato, domenica: segunda-feira, terça-feira, quarta-feira, quinta-feira, sexta-feira, sábado, domingo

Observação: Na Itália, considera-se segunda-feira o primeiro dia da semana. Todos os dias da semana são masculinos, exceto domenica (domingo), que é feminino. Portanto, dizemos: il/un lunedì, il/un sabato etc., mas la/una domenica.

Todos os dias da semana continuam iguais no plural, exceto sábado e domingo. Portanto, dizemos:
i lunedì (as/às segundas-feiras), mas i sabati (os/aos sábados) e le domeniche (os/aos domingos).
Assim como em português, os dias da semana e os meses do ano em italiano se escrevem com letras minúsculas.

bello: legal, belo, bonito
brutto: feio, ruim, péssimo, terrível
stanco: cansado
intelligente: inteligente
simpatico: simpático
quel/quello/quella: aquilo/aquele/aquela
questo/questa: isto/esta/este

distrutto: acabado, destruído
Pronto?: Alô? (só no telefone)
volentieri: com prazer, à vontade, com boa vontade
sempre: sempre
qualche volta: às vezes/algumas vezes
spesso: com frequência, frequentemente
mai: nunca/jamais
con: com
su: em, sobre, em cima de, por cima de
poi: depois
per: para, por
un po': um pouco

ESERCIZI / EXERCÍCIOS

Complete as frases abaixo com a contração apropriada de um artigo definido e a preposição entre parênteses:

1. Ritorniamo _____ montagna. (*da*)
2. Ecco i quaderni _____ studenti. (*di*)
3. I vestiti sono _____ valigia. (*in*)
4. I libri sono _____ tavolo. (*su*)
5. Mando _____ cartoline da Roma. (*di*)
6. Andiamo _____ mare e stiamo _____ spiaggia. (*a - su*)
7. Vediamo tante belle cose _____ negozi. (*in*)
8. Marco va al ristorante con _____ colleghi. (*di*)
9. Scrivo _____ lettere. (*di*)
10. Leggiamo _____ bei libri. (*di*)
11. In estate andiamo tutti i giorni _____ spiaggia. (*a*)
12. Lunedì arrivano _____ ospiti stranieri. (*di*)
13. Anna va _____ aereoporto in taxi. (*a*)
14. Il passaporto è _____ borsa. (*in*)
15. Gli amici arrivano _____ stazione _____ 18,30. (*a - a*)
16. _____ casa di Anna _____ stazione il taxi ci mette mezz'ora. (*da - a*)

Exercício B

Reescreva as frases e expressões abaixo no plural:

Ex.:
Una bella serata con gli amici. **Delle belle serate con gli amici.**
C'è una giacca bianca nella borsa. **Ci sono delle giacche bianche nelle borse.**
Quel libro interessante. **Quei libri interessanti.**

1. Quel bel fine settimana. _____
2. C'è un libro sulla scrivania. _____
3. C'è un biglietto aereo nella valigia. _____
4. Quel simpatico amico di Marco. _____
5. Una lezione interessante. _____
6. Quello studente intelligente. _____
7. Una bella giornata di vacanza. _____
8. C'è una bella commedia a teatro. _____
9. Quella lunga lettera. _____
10. C'è un bel vestito rosso sulla sedia. _____
11. Un bel viaggio in aereo. _____
12. Una bella ragazza straniera. _____

Exercício C

Agora reescreva as frases e expressões abaixo no singular:

1. Quelle belle amiche di Anna. _____
2. Gli studenti hanno dei libri interessanti. _____
3. Ci sono delle camicie bianche nelle valigie di Anna. _____
4. Mettiamo quei pacchi sui tavoli. _____
5. Quelle lezioni non sono molto interessanti. _____
6. Dei simpatici amici di Marco. _____
7. Scriviamo delle lunghe lettere. _____

8. Abbiamo delle brutte settimane di lavoro.
   _____

9. Quelle belle domeniche al mare.
   _____

10. Siamo stanchi per quei lunghi lunedì di lavoro.
    _____

> Visite <http://www.berlitzpublishing.com> para atividades extras na internet – vá à seção de downloads e conecte-se com o mundo em italiano!

Lição

5   L'ORARIO D'UFFICIO
O HORÁRIO DO ESCRITÓRIO

Il capoufficio	**Salve, Beppe, sei puntuale! Abbiamo molto da fare oggi: molte e-mail da scrivere.**	
	Olá, Beppe, você é pontual! Temos muito a fazer hoje: muitos e-mails para escrever.	
Beppe	**Lo so. Per questo sono arrivato in anticipo. Sono qui dalle otto meno un quarto.**	
	Eu sei. Por isso cheguei adiantado. Estou aqui desde quinze para as oito.	
Il capoufficio	**Quante e-mail hai mandato?**	
	Quantos e-mails você enviou?	
Beppe	**Ne ho mandate venti. Ma devo ancora scriverne cinquanta.**	
	Enviei vinte. Mas ainda devo escrever cinquenta.	
Il capoufficio	**Ce la fai a scriverle tutte stamattina?**	
	Você consegue escrever todos esta manhã?	
Beppe	**Certo, non si preoccupi, le spedisco per le dodici e mezzo. Certamente prima della pausa pranzo.**	

	É claro, não se preocupe. Envio os e-mails antes do meio-dia e meia. Certamente antes do intervalo para o almoço.
Il capoufficio	**Molto bene, hai tutti gli indirizzi e-mail dei clienti?** Muito bem. Você tem todos os endereços de e-mail dos clientes?
Beppe	**Sì, ce li ho, grazie.** Sim, eu os tenho. Obrigado.
Il capoufficio	**Puoi per piacere contattare anche la mia segretaria? Sono già le nove meno un quarto e non è ancora arrivata. E sa che oggi è una giornata piena!** Você também pode contatar a minha secretária, por favor? Já são quinze para as nove e ela ainda não chegou. E ela sabe que hoje é um dia cheio!
Beppe	**Forse sta ancora aspettando l'autobus.** Talvez ainda esteja esperando o ônibus.
Il capoufficio	**Ricordale comunque l'orario d'ufficio: dalle otto e trenta alle diciassette e trenta. E deve ancora scrivere e distribuire a tutti l'ordine del giorno per la riunione di questo pomeriggio!** De qualquer forma, lembre-a do horário do escritório: das oito e meia às cinco e meia. E ela ainda tem que escrever e distribuir a todos a pauta da reunião de hoje à tarde!

DOMANDE E RISPOSTE / PERGUNTAS E RESPOSTAS

Quante e-mail hai mandato?
Quantos e-mails você enviou?

Ne ho mandate venti.
Enviei vinte.

Quante e-mail devi ancora scrivere?
Quantos e-mails você ainda tem que escrever?

Devo scrivere cinquanta.
Tenho que escrever cinquenta.

Hai gli indirizzi e-mail dei clienti?
Você tem os endereços de e-mail dos clientes?

Sì, ce li ho.
Sim, tenho.

Ce la fai?
Você consegue?

Sì, ce la faccio.
Sim, consigo.

Puoi contattare la mia segretaria?
Você pode contatar a minha secretária?

Sì, la contatto subito.
Sim, vou contatá-la imediatamente.

Cosa deve fare?
O que ela tem que fazer?

Deve scrivere l'ordine del giorno per la riunione.
Tem que escrever a pauta da reunião.

Lição 5

Quando finisci di scrivere quelle e-mail? Quando você termina de escrever esses e-mails?	**Finisco per le dodici e mezzo.** Termino antes do meio-dia e meia.
Quando mandi le e-mail? Quando você manda os e-mails?	**Le mando prima dell'intervallo per il pranzo.** Mando-os antes do intervalo para o almoço.
Hai distribuito a tutti l'ordine del giorno? Você distribuiu a todos a pauta?	**No, non l'ho ancora distribuito.** Não, ainda não a distribuí.
Qual è l'orario d'ufficio? Qual é o horário do escritório?	**Tutti i giorni feriali dalle 8.30 alle 17.30.** Todos os dias úteis, das 8h30 às 17h30.
Che ore sono? Que horas são?	**Sono già le nove meno un quarto.** Já são quinze para as nove.

PAROLE DA RICORDARE / PALAVRAS QUE VOCÊ DEVE LEMBRAR

Não se preocupe!	**Non si preoccupi!** (formal) **Non ti preoccupare!** (informal)
Você consegue?	**Ce la fai?** (informal) **Ce la fa?** (formal)
Consigo terminar este trabalho rapidamente!	**Faccio presto a completare questo lavoro!**
das oito às cinco	**dalle otto alle diciassette**
intervalo para o almoço/ horário de almoço	**pausa pranzo**
Estou adiantado.	**Sono in anticipo.**
Estou atrasado.	**Sono in ritardo.**
Você é pontual.	**Sei puntuale.**
esta tarde	**questo pomeriggio**
um dia cheio	**una giornata piena**

um dia calmo	una giornata calma
esta manhã	stamattina
esta noite	stasera
Eu sei.	Lo so.
Eu não sei.	Non lo so.
Por isso cheguei adiantado.	Per questo sono venuto in anticipo.
Que horas são?	Che ore sono?
distribuir a todos	distribuire a tutti
Mando alguns e-mails.	Mando delle e-mail.

GRAMMATICA / GRAMÁTICA

1. **VERBI IN -IRE / VERBOS QUE TERMINAM EM -IRE**

A última categoria de verbos a aprender são os que terminam em -ire. Existem duas variedades:

1. Verbos como **servire** (servir), **sentire** (ouvir) e **dormire** (dormir) recebem as terminações **-o, -i, -e, -iamo, -ite, -ono**.

	servire	sentire	dormire
(io)	servo	sento	dormo
(tu)	servi	senti	dormi
(lui/lei)	serve	sente	dorme
(noi)	serviamo	sentiamo	dormiamo
(voi)	servite	sentite	dormite
(loro)	servono	sentono	dormono

2. Verbos como **finire** (terminar/acabar), **capire** (entender) e **preferire** (preferir) recebem as mesmas terminações que **servire** etc., mas também recebem **-isc** entre a raiz e as terminações, com exceção das formas verbais com os pronomes **noi** e **voi**.

Lição 5

	finire	capire	preferire
(io)	finisco	capisco	preferisco
(tu)	finisci	capisci	preferisci
(lui/lei)	finisce	capisce	preferisce
(noi)	finiamo	capiamo	preferiamo
(voi)	finite	capite	preferite
(loro)	finiscono	capiscono	preferiscono

Há também vários verbos irregulares que terminam em -ire, como uscire (sair) e venire (vir). Observe que eles mantêm a raiz apenas na primeira e na segunda pessoas do plural:

	uscire	venire
(io)	esco di casa alle 8	e vengo in ufficio
(tu)	esci dal cinema alle 21	e vieni a casa
Anna	esce dall'ufficio	e viene al ristorante con noi
(noi)	usciamo dal ristorante	e veniamo al cinema con voi
tu e Anna	uscite dall'ufficio	e venite in centro con noi
I ragazzi	escono da scuola alle 14.30	e vengono a casa alle 15

2. **I VERBI SERVILI / OS VERBOS MODAIS (*VOLERE, DOVERE, POTERE*)**

Observe as seguintes frases:

Vogliamo essere puntuali.
Le voglio presentare un mio studente.
Devo ancora scrivere cinquanta e-mail.
La segretaria deve ancora scrivere l'ordine del giorno.
Possiamo mandare le e-mail.
Puoi contattare la segretaria?

Os verbos **volere** (querer), **dovere** (dever/ter que) e **potere** (poder) são irregulares e podem ser seguidos por outros verbos, que estarão sempre no infinitivo.

Lição 5

(io)	voglio	andare al mare
	devo	partire subito
	posso	uscire con gli amici
(tu)	vuoi	finire il lavoro presto
	devi	prendere il treno
	puoi	restare a casa
Anna	vuole	lavorare a Roma
	deve	andare a Torino per la riunione
	può	prendere l'aereo
(noi)	vogliamo	arrivare in ufficio in orario
	dobbiamo	essere puntuali
	possiamo	prendere la metropolitana
tu e Anna	volete	andare in vacanza
	dovete	tornare a casa
	potete	spedire un fax
gli studenti	vogliono	leggere dei libri interessanti
	devono	studiare tutto il giorno
	possono	andare alla lezione

3. L'ORA / **AS HORAS**

Para perguntar as horas em italiano você pode usar tanto o singular "Che ora è?" quanto o plural "Che ore sono?". Na resposta, o verbo no singular é usado com l'una (uma hora), **mezzogiorno** (meio-dia) e **mezzanotte** (meia-noite), e o verbo no plural é usado para todas as outras horas.

49

Lição 5

È l'una.	É uma hora.
È mezzogiorno.	É meio-dia.
È mezzanotte.	É meia-noite.
Sono le due.	São duas horas.
Sono le dieci.	São dez horas.

Lembre-se de que, na Itália, também se usa o sistema de 24 horas, portanto, é comum encontrar expressões como estas:

Sono le tredici.   São treze horas.
Sono le ventitré.   São vinte e três horas.

Para as outras horas, preste atenção nas expressões:

Sono le dodici meno cinque.   São cinco para o meio-dia.
È l'una meno un quarto.   São quinze para a uma.
È l'una e un quarto.   É uma e quinze.
Sono le quattordici e trenta.   São quatorze e trinta (ou meia).
(ou e mezzo).
Sono le sedici e quarantacinque.   São dezesseis e quarenta e cinco

---

4. E ADESSO CONTIAMO / E AGORA VAMOS CONTAR

25 venticinque	30 trenta	35 trentacinque	40 quaranta	50 cinquanta
60 sessanta	70 settanta	80 ottanta	90 novanta	100 cento
200 duecento	500 cinquecento	1.000 mille	2.000 duemila	5.000 cinquemila
10.000 diecimila	100.000 centomila	500.000 cinquecentomila	1.000.000 un milione	5.000.000 cinque milioni

Observação: O plural de mille é mila, e o plural de milione é milioni. Mas cento não muda no plural.

Lição 5

VOCABOLARIO / VOCABULÁRIO

il capoufficio: o chefe
l'impiegato: o empregado
l'orario d'ufficio: o horário (de funcionamento) do escritório/horário do expediente
mandare/spedire un'e-mail (e-mail é feminino): mandar/enviar um e-mail
la segretaria: a secretária
essere puntuale: ser pontual/chegar na hora
essere in ritardo: estar atrasado
essere in anticipo: estar adiantado
fare presto: fazer logo/rapidamente
completare il lavoro presto: terminar o trabalho logo/rapidamente
distribuire qualcosa a tutti: distribuir/entregar algo a todos
l'ordine del giorno: a pauta (de reunião)
gli indirizzi e-mail dei clienti: os endereços de e-mail dos clientes
la pausa pranzo: horário de almoço
pranzo: almoço
mezzogiorno: meio-dia
mezzanotte: meia-noite
stamattina: esta manhã
stasera: esta noite
questo pomeriggio: esta tarde
mezz'ora: meia hora
un quarto d'ora: quinze minutos
un'ora: uma hora
chiedere l'ora: perguntar as horas
tre ore: três horas
Che ora è?/ Che ore sono?: Que horas são?
una giornata piena: um dia cheio
una giornata calma: um dia calmo
come: como
da: de/desde
dalle 8.30 alle 17.30: das 8h30 às 17h30
già: já
ancora: ainda, de novo/novamente
non ancora: ainda não
qui/qua: aqui
servire: servir
sentire: ouvir
sentire suonare il telefono: ouvir o telefone tocar
dormire: dormir
avere sonno: ter sono/estar com sono
capire: entender
preferire: preferir

Lição 5

finire: terminar/acabar
partire: partir/sair
volere: querer
potere: poder
dovere: dever/ter que
uscire: sair
contare: contar

ESERCIZI / EXERCÍCIOS

Exercício A

Escreva as horas abaixo, por extenso:

Ex.:
6.45 **sette meno un quarto**
7.50 **otto meno dieci**
20.40 **venti e quaranta**

1. L'orario d'ufficio è dalle 8.30 alle 17.30. _____

2. Ma l'impiegato arriva in ufficio con un quarto d'ora di anticipo, alle 7.45. _____

3. Lavora al computer dalle 8.45 alle 11.40. _____

4. Manda delle e-mail dalle 11.45 alle 12.15. _____

5. La pausa pranzo è dalle 12.25 alle 13.20. _____

6. Di pomeriggio lavora ancora per quattro ore, dalle 13.25 alle 17.25. _____

7. Esce dall'ufficio alle 17.30 e arriva a casa alle 18.15. _____

Exercício B

Agora responda às perguntas seguintes. Escreva as horas ou o número de horas e, quando necessário, complete os verbos e escreva as preposições:

Observação: As perguntas 1 e 2 são sobre você; as perguntas restantes se referem aos exercícios anteriores.

1. A che ora è la lezione d'italiano? La lezione d'italiano è _____ .

Lição 5

2. Quante ore studi l'italiano? Studi _____ l'italiano per _____.
3. Quante ore lavora l'impiegato? L'impiegato lavor_____ per _____.
4. Qual è l'orario d'ufficio? L'orario d'ufficio è _____.
5. Quando va a pranzo? V _____ a pranzo _____.
6. Quando esce dall'ufficio? Esc _____ dall'ufficio _____.
7. A che ora arriva a casa? Arriv _____ a casa _____.

Complete as frases com as formas corretas do verbo entre parênteses:

Exercício C

1. (Noi) _____ andare al cinema o a teatro. (potere)
2. L'impiegato _____ ancora scrivere cento e-mail. (dovere)
3. (Voi) _____ mandare le e-mail. (volere)
4. Anna e suoi amici _____ partire in aereo. (preferire)
5. Gli impiegati _____ dall'ufficio alle 18. (uscire)
6. (Io) _____ dei pacchi per l'Italia. (spedire)
7. (Tu) _____ andare in vacanza al mare o in montagna. (potere)
8. Tu e Paul _____ essere puntuali per la lezione d'italiano. (dovere)
9. (Noi) Siamo stanchi, non _____ andare al cinema stasera. (volere)

Visite <http://www.berlitzpublishing.com> para atividades extras na internet – vá à seção de download e conecte-se com o mundo em italiano!

Lição

6
RIVEDIAMO LE LEZIONI DA 1 A 5
VAMOS REVISAR AS LIÇÕES DE 1 A 5

Diálogo 1   BUONGIORNO, COMINCIAMO!

Il professor Valli	Ciao, Paul!
Paul	Buongiorno, professore! Come sta?
Il professor Valli	Bene, grazie. E tu?
Paul	Molto bene, grazie.
Il professor Valli	Hai una penna, Paul?
Paul	Sì, professore. Ho una penna. Ecco la penna!
Il professor Valli	Hai anche un quaderno?
Paul	Sì, ho anche un quaderno. Ecco il quaderno!
Il professor Valli	Hai il libro d'italiano?

Paul	No, mi dispiace, non ho il libro. Ma ho il quaderno.
Il professor Valli	Va bene! Dov'è il quaderno, Paul?
Paul	Il quaderno è sulla cattedra, professore.
Il professor Valli	Cosa c'è lì, sulla cattedra?
Paul	C'è il quaderno e c'è anche una penna.
Il professor Valli	Bene! Cominciamo la lezione d'italiano, allora.

Diálogo 2 PRESENTAZIONI: PIACERE DI CONOSCERTI!

Il professor Valli	Buongiorno, mi chiamo Marco Valli. E Lei come si chiama?
La signorina Alberti	Mi chiamo Anna Alberti, sono italiana. Anche Lei è italiano?
Il professor Valli	No, non sono italiano, sono australiano. Il mio nome è italiano, ma io sono nato in Australia.
La signorina Alberti	Bene! E lavora qui a Milano?
Il professor Valli	Sì, lavoro a Milano, insegno italiano in una scuola. E Lei che cosa fa?
La signorina Alberti	Io sono qui per lavoro. Ho un'agenzia di viaggi a Roma. Organizziamo viaggi, congressi e convegni in Italia e all'estero.
Il professor Valli	È un lavoro interessante! Signorina, Le voglio presentare un mio studente, Paul. Paul, questa è la signorina Alberti. È italiana e viaggia molto.
Paul	Buongiorno, signorina. Molto piacere di conoscerla!
La signorina Alberti	Piacere Paul! E tu di dove sei?
Paul	Sono americano e studio italiano con il professor Valli.
La signorina Alberti	Bravo! Mi fa piacere conoscerti.

Lição 6

Diálogo 3   ANNA PARTE PER UN VIAGGIO DI LAVORO

Paul   Anna, hai il biglietto aereo?

Anna   Sì, Paul, ce l'ho. Non preoccuparti, è già nella borsa.

Paul   Sono pronte le valigie?

Anna   Certo, è tutto pronto! Ci sono dei vestiti, delle scarpe, dei pantaloni, delle camicie e anche due giacche nelle valigie. Non ho dimenticato niente!

Paul   Hai anche il passaporto?

Anna   No, non ho il passaporto, ho la carta d'identità.

Paul   Bene! E dove vai? Ritorni a casa, a Roma?

Anna   No, non vado a casa. Vado a Torino per una riunione.

Paul   Roma è la capitale e si trova nell'Italia centrale, ma dov'è Torino?

Anna   Sì, Roma è al centro e Torino è nel nord d'Italia.

Paul   Anna, come vai all'aeroporto? Prendi la metropolitana o vai in autobus?

Anna   Prendo un taxi, è più comodo.

Paul   Quanto ci mette il taxi ad arrivare all'aeroporto?

Anna   Ci mette quasi un'ora.

Paul   E quando parti? Oggi?

Anna   No, non parto oggi. Parto domani mattina.

Paul   A che ora?

Anna   Parto presto, parto da qui alle otto.

Paul   Ma torni presto, me lo prometti?

Anna   Certo, tra una settimana. Mi mancherai, Paul!

Paul   Anche tu mi mancherai. Buon viaggio, Anna!

Anna   Arrivederci, Paul! Appena arrivo a Torino ti mando una bella cartolina.

Lição 6

Diálogo 4 UN INVITO

Da casa, la signora Carla Valli, moglie di Marco Valli, telefona a un amico in ufficio.

Carla Valli   Pronto. Roberto, come stai? Io sto bene, grazie. Sono solo un po' stanca. Sai com'è, i bambini, la casa, il lavoro...

L'amico al telefono   Oh, capisco! Anch'io ho avuto una brutta settimana. Sono stato in ufficio fino a tardi lunedì, martedì e mercoledì. Ieri abbiamo avuto degli ospiti stranieri tutto il giorno e oggi sono distrutto. Non vedo l'ora di andare a casa!

Carla Valli   Ti telefono proprio per tirarti su. Io e Marco stiamo organizzando una serata a teatro con degli amici. Ci sono Aldo e Beppe, i colleghi di Marco. Li conosci. E poi c'è Valeria, una mia amica molto simpatica.

L'amico al telefono   Benissimo, e dove andate?

Carla Valli   Andiamo a vedere *Liolà*, una commedia di Pirandello. Vieni con noi?

L' amico al telefono   No, grazie, non posso! Sono troppo stanco. Vengo con voi la prossima volta.

Carla Valli   Mi dispiace, ma adesso devo lasciarti. Sono già le sei e tra due ore abbiamo appuntamento con gli amici di Marco in centro. Devo preparare la cena e mettere a letto i bambini per le otto, se vogliamo essere puntuali.

L'amico al telefono   Arrivederci allora, Carla, e grazie per l'invito. Divertiti. Ci vediamo un'altra volta.

Carla Valli   A presto, Roberto. E cerca di riposarti un po' questo fine settimana!

Diálogo 5 L'ORARIO D'UFFICIO

Il capoufficio   Salve, Beppe, sei puntuale! Abbiamo molto da fare oggi: molte e-mail da scrivere.

Beppe   Lo so. Per questo sono arrivato in anticipo. Sono qui dalle otto meno un quarto.

Il capoufficio   Quante e-mail hai mandato?

Lição 6

Beppe	Ne ho mandate venti. Ma devo ancora scriverne cinquanta.
Il capoufficio	Ce la fai a scriverle tutte stamattina?
Beppe	Certo, non si preoccupi, le spedisco per le dodici e mezzo. Certamente prima della pausa pranzo.
Il capoufficio	Molto bene, hai tutti gli indirizzi e-mail dei clienti?
Beppe	Sì, ce li ho grazie.
Il capoufficio	Puoi per piacere contattare anche la mia segretaria? Sono già le nove meno un quarto e non è ancora arrivata. E sa che oggi è una giornata piena!
Beppe	Forse sta ancora aspettando l'autobus.
Il capoufficio	Ricordale comunque l'orario d'ufficio: dalle otto e trenta alle diciassette e trenta. E deve ancora scrivere e distribuire a tutti l'ordine del giorno per la riunione di questo pomeriggio!

TEST DI REVISIONE / TESTE DE REVISÃO

Exercício A

Divida os substantivos abaixo em masculinos e femininos, e separe cada um dos grupos em singular e plural. Depois, escreva o artigo definido correto para cada substantivo: **il**, **la**, **lo**, **i**, **le** ou **gli** (observação: **autobus** se escreve da mesma forma tanto no singular quanto no plural):

___ ragazzo   ___ camicia   ___ professore   ___ studente

___ libri   ___ penne   ___ aereo   ___ signorina

___ scarpe   ___ scuola   ___ bagaglio   ___ carta d'identità

___ passaporto   ___ biglietti   ___ telefono   ___ domenica

___ stazione   ___ treno   ___ agenzia di viaggio   ___ scatole

___ pacco   ___ convegno   ___ parchi   ___ metropolitana

___ amici   ___ settimana   ___ sabati   ___ ora

___ cartoline   ___ autobus   ___ valigia   ___ moglie

Lição 6

Exercício B

Escreva o artigo indefinido correto para cada substantivo (**un**, **uno**, **una** ou **un'**) e depois passe para o plural.

Ex.
una penna **delle penne**
un ragazzo **dei ragazzi**

1. ___ amica
2. ___ passaporto
3. ___ città
4. ___ zio
5. ___ biglietto aereo
6. ___ domenica
7. ___ insegnante
8. ___ ora
9. ___ sabato
10. ___ chiave
11. ___ convegno
12. ___ giacca
13. ___ serata
14. ___ lavoro
15. ___ agenzia di viaggi
16. ___ collega

Exercício C

Complete as frases abaixo com a forma correta dos verbos entre parênteses:

1. Io _____ americano, _____ di Boston. (essere - essere)

2. Anna _____ di Milano, _____ italiana. (essere - essere)

3. Paul non _____ il libro d'italiano, ma _____ un quaderno e una penna. (avere - avere)

4. Noi _____ l'italiano e lo _____ un po'. (studiare - parlare)

5. Cosa c' _____ sulla cattedra? Ci _____ dei libri. (essere - essere)

6. Anna _____ in un'agenzia di viaggi. (lavorare)

7. Marco Valli _____ in una scuola. (insegnare)

8. Tu cosa _____? Io _____ uno studente. (fare - essere)

9. Come ti _____? Mi _____ Paul. (chiamare - chiamare)

10. Di dove _____? _____ di Boston. (essere - essere)

11. Anna e i suoi amici _____ un taxi per andare all'aeroporto. Noi invece _____ in metropolitana. (prendere - andare)

Lição 6

12. Roma _____ la capitale d'Italia. (essere)
13. Le amiche di Anna _____ delle cartoline da Roma. (mandare)
14. L'aereo _____ alle 19.30. (partire)
15. Tu e Paul _____ a casa. (andare)
16. Noi _____ le valigie e _____. (fare - partire)
17. Ci _____ delle camicie e delle giacche nella valigia di Anna. (essere)
18. La moglie di Marco _____ a Roberto e lo _____ a teatro. (telefonare - invitare)
19. Noi _____ tutti al ristorante. (andare)
20. Laura _____ Beppe e Aldo, i colleghi di Marco. (conoscere)
21. Quei ragazzi _____ gli amici di Paulo, ma io no li _____. (essere - conoscere)
22. Che ore _____ ? Non lo _____ . (essere - sapere)
23. La lezione di italiano è di due ore _____ alle 9 e _____ alle 11. (cominciare - finire)
24. Anna _____ andare a Torino per una riunione. (dovere)
25. Carla e Marco Valli _____ essere puntuali. (volere)
26. Tu _____ andare in centro a piedi o in autobus. (potere)
27. Domani mattina io _____ uscire presto. (dovere)
28. Laura _____ riposarsi questo fine settimana. (volere)
29. Noi _____ andare al cinema o a teatro. Tu _____ venire con noi? (potere - volere)
30. Grazie, ma _____ troppo stanco, _____ con voi un'altra volta. (essere - venire)

Lição 6

Exercício D

Complete as frases abaixo usando a forma correta dos adjetivos:

1. Tokio è una città _____. (Giappone)
2. Laura è di Roma, è una ragazza _____. (Italia)
3. Jean Paul è di Parigi, è un ragazzo _____. (Francia)
4. Pilar è di Madrid, è una ragazza _____. (Spagna)
5. Carlo e Marco sono di Napoli, sono dei ragazzi _____. (Italia)
6. Conosciamo delle ragazze di Londra, sono _____. (Inghilterra)
7. Ho un'amica a Boston, è _____. (America)
8. Ho dei _____ libri di italiano. (bello)
9. Metti _____ pacchi e _____ lettere sul tavolo. (quello - quello)
10. Mando una _____ cartolina da Roma. (bello)
11. Invito _____ studenti al bar. (quello)
12. Ascolto un _____ concerto alla radio. (bello)
13. Andiamo a vedere _____ _____ commedia al Teatro Manzoni a Milano. (quello - bello)

Exercício E

Escreva as preposições corretas nas frases abaixo:

1. Anna è _____ Milano, ma abita _____ Boston, _____ America.
2. Andiamo _____ aeroporto _____ taxi.
3. Usciamo con gli amici, andiamo _____ teatro e poi _____ ristorante.
4. Anna manda _____ belle cartoline _____ Roma.
5. Ci sono _____ vestiti e _____ scarpe _____ valigia di Anna.
6. Ci incontriamo _____ centro _____ mezzogiorno.
7. La lezione comincia _____ 9 e finisce _____ 11.

Lição 6

8. La lezione di italiano è di due ore _____
   9 _____ 11.

9. Vieni _____ teatro _____ noi?
   Grazie _____ l'invito, ma sono troppo stanco.

10. Partiamo _____ stazione di Roma
    _____ 10 e arriviamo _____ Milano
    _____ 14.30: il treno ci mette quattro ore e
    mezzo per andare _____ Roma _____
    Milano.

11. Ci sono _____ libri e _____ penne
    _____ tavolo.

12. L'orario d'ufficio è di otto ore: _____ 8.30
    _____ 17.30, con un'ora di intervallo
    _____ il pranzo.

Exercício F

Escreva dois bilhetes curtos:

1. Convide um amigo para ir ao teatro, cinema ou restaurante com você.

2. Responda a um amigo que o tenha convidado para ir ao teatro, cinema ou restaurante.

Visite <http://www.berlitzpublishing.com> para atividades extras na internet – vá à seção de downloads e conecte-se com o mundo em italiano!

AL BAR
NA CAFETERIA

Lição 7

Domenica mattina a Roma. Sono le dieci: Anna e il suo amico Giulio sono seduti all'aperto, in un bar di Piazza di Spagna. Fanno colazione.
Manhã de domingo em Roma. São dez horas: Anna e seu amigo Giulio estão sentados ao ar livre, em um bar na Piazza di Spagna. Estão tomando café da manhã.

Il cameriere **Buongiorno. Desiderate qualcosa?**
Bom dia. Desejam alguma coisa?

Giulio **Sì, grazie. Mi porta un cappuccino e un cornetto, per piacere?**
Sim, obrigado. Traga-me um cappuccino e um croissant, por favor?

Il cameriere **Certamente! E la signorina cosa prende?**
Certamente! E a senhorita, o que vai querer?

Anna **Prendo un tè al limone e una fetta di torta. Che dolci avete?**
Quero um chá com limão e uma fatia de torta. Que doces vocês têm?

63

Lição 7

Il cameriere	**Abbiamo un'ottima torta di mele oppure delle paste con le fragole e la panna.** Temos uma ótima torta de maçã ou doce com morango e creme.
Anna	**Preferisco la torta di mele. Me ne porta una fetta, per piacere?** Prefiro a torta de maçã. Poderia me trazer uma fatia, por favor?
Il cameriere	**Nient'altro?** Mais alguma coisa?
Giulio	**Basta così, grazie. Anna, usciamo insieme questo pomeriggio?** Só isso, obrigado. Anna, vamos sair juntos esta tarde?
Anna	**Mi dispiace, ma ho molto da fare. Domani ho un appuntamento con dei clienti importanti e devo preparare il programma per il loro convegno.** Sinto muito, mas tenho muito o que fazer. Amanhã tenho uma reunião com uns clientes importantes e tenho que preparar o programa para a conferência deles.
Giulio	**Che peccato! Volevo portarti un po' in giro per Roma. Ma possiamo vederci lo stesso sul tardi e cenare insieme. Che ne dici?** Que pena! Queria levá-la para dar uma volta por Roma. Mas, de qualquer forma, podemos nos ver mais tarde e jantar juntos. O que me diz?
Anna	**È un'ottima idea! Così mi rilasso un po' almeno la domenica!** É uma ótima ideia! Assim relaxo um pouco, pelo menos no domingo!
Giulio	**A che ora ci vediamo allora?** A que horas nos vemos então?
Anna	**Vieni a prendermi a casa stasera alle 7. Sarò pronta.** Pode me buscar em casa à noite, às sete. Estarei pronta.
Giulio	**Bene! Oh, ecco il cameriere con le nostre ordinazioni. Il tè è per la signorina e il cappuccino per me, grazie. Mi porta anche il conto?** Muito bem! Oh, aí está o garçom com os nossos pedidos. O chá é para a senhorita, e o cappuccino, para mim. Obrigado. Poderia trazer a conta também?
Il cameriere	**Ecco il conto! Vuole pagare adesso?** Aqui está a conta! Quer pagar agora?

64

Giulio	**Sì, grazie. Quant'è?**	
	Sim, obrigado. Quanto é?	
Il cameriere	**Sono otto euro e novanta.**	
	São oito euros e noventa.	
Giulio	**Ecco a Lei, dieci. Tenga pure il resto!**	
	Aqui está, dez. Pode ficar com o troco!	

DOMANDE E RISPOSTE / PERGUNTAS E RESPOSTAS

Desidera qualcosa? (formal)
Deseja alguma coisa?

Sì, mi porta un cappuccino, per favore?
Sim, traga-me um cappuccino, por favor?

Cosa prendi a colazione? (inf.)
O que vai querer no café da manhã?

Prendo il caffellatte con i biscotti.
Vou querer café com leite e biscoitos.

Prendi qualcosa? (informal)
Quer alguma coisa?

Sì, grazie, prendo un espresso.
Sim, obrigado/obrigada, quero um espresso.

Con lo zucchero o senza?
Com açúcar ou sem?

Senza zucchero, grazie.
Sem açúcar, obrigado.

Preferisci una birra o un bicchiere di vino bianco? (inf.)
Prefere uma cerveja ou uma taça de vinho branco?

Preferisco un bicchiere di vino bianco, grazie.
Prefiro uma taça de vinho branco, obrigado.

Nient'altro?/Altro?
Mais alguma coisa?/ Algo mais?

Basta così, grazie.
Só isso, obrigado.

Che tipo di torta preferisce? (formal)
Que tipo de torta você prefere?

Preferisco quella di mele.
Prefiro a de maçã.

È impegnata stasera, signorina? (formal)
Está ocupada hoje à noite, senhorita?

Sì, mi dispiace, sono impegnata.
Sim, sinto muito, estou ocupada.

Sei impegnata oggi, Anna? (inf.)
Está ocupada hoje, Anna?

No, oggi sono libera.
Não, hoje estou livre.

Cosa devi fare oggi? (inf.)
O que tem para fazer hoje?

Devo vedere dei clienti.
Tenho que encontrar alguns clientes.
Devo preparare un programma.
Tenho que preparar um programa/ uma programação.

Vuoi venire a cena con me? (inf.)
Quer vir jantar comigo?

A che ora ci vediamo?
A que horas nos vemos?

Mi porta il conto? (formal)
Poderia trazer a conta?

Quant'è?
Quanto é?

Sì, grazie, vengo volentieri.
Sim, obrigado/obrigada, com prazer.

Vieni a prendermi a casa stasera dopo le sette. (inf.)
Pode me apanhar em casa à noite, depois das sete.

Sì, ecco a Lei. (formal)
Sim, aqui está!

Sono dieci euro.
São dez euros.

PAROLE DA RICORDARE / PALAVRAS QUE VOCÊ DEVE LEMBRAR

Poderia trazer um café/um chá/uma cerveja?	Mi porta un caffè/un tè/una birra?
Gostaria de uma fatia de torta.	Prendo una fetta di torta.
Só isso, obrigado.	Basta così, grazie.
Tenho muito o que fazer.	Ho molto da fare.
Tenho um horário marcado.	Ho un appuntamento.
Que pena!	Che peccato!
Quero levá-lo para dar uma volta.	Voglio portarti in giro.
O que acha?	Che ne pensa? (formal) Che ne pensi? (informal)
Quero relaxar um pouco.	Voglio rilassarmi un po'.
A que horas nos vemos?	A che ora ci vediamo?
Venha me buscar mais tarde.	Vieni a prendermi più tardi.
Traga-me a conta?	Mi porta il conto?
Quero pagar agora.	Voglio pagare adesso.
Fique com o troco.	Tenga il resto.

GRAMMATICA / GRAMÁTICA

1. AGGETTIVI E PRONOMI POSSESSIVI / ADJETIVOS E PRONOMES POSSESSIVOS

> Valeria è una **mia** amica molto simpatica.
>
> La **mia** segretaria è in ritardo.
>
> Anna e il **suo** amico Giulio sono seduti al bar.
>
> Devo vedere dei clienti e devo preparare il programma per un **loro** convegno.
>
> Ecco il cameriere con le **nostre** ordinazioni!

Em italiano, os adjetivos possessivos concordam com o substantivo ao qual se referem, assim como em português:

Marco Valli e *sua moglie Carla* — Marco Valli e a *sua* esposa Carla
Carla Valli e *suo marito Marco* — Carla Valli e o *seu* marido Marco

Os adjetivos possessivos geralmente são precedidos do artigo definido:

Paulo ha *la sua valigia*.
Paulo está com *a sua mala*.

Anna ha *il suo bagaglio a mano*.
Anna está com *a sua bagagem de mão*.

No entanto, quando nos referimos a familiares próximos (marido, esposa, irmão, irmã, mãe, pai, primo, prima, tio, tia etc.), omitimos o artigo antes do possessivo.

mio padre	meu pai
mia madre	minha mãe
tuo figlio	seu/teu filho
tua figlia	sua/tua filha
suo fratello	seu irmão (dele/dela)
sua sorella	sua irmã (dele/dela)

Porém, o artigo deve ser usado nos seguintes casos:

(1) se esses substantivos estiverem no plural: **i miei fratelli, le mie sorelle, i miei figli**.

(2) com **loro**, tanto no singular como no plural: **il loro figlio, le loro sorelle**.

(3) se o substantivo singular estiver acompanhado de um adjetivo: **la sua bella moglie, il suo bravo figlio**.

Observe a tabela abaixo com os adjetivos e pronomes possessivos.

Note que os possessivos concordam em gênero e número com os substantivos aos quais se referem.

	Adjetivos	Pronomes
Io ho un libro	Questo è **il mio libro**	Questo libro è **mio**
Io ho una borsa	Questa è **la mia borsa**	Questa borsa è **mia**
Io ho dei libri	Questi sono **i miei libri**	Questi libri sono **miei**
Io ho delle borse	Queste sono **le mie borse**	Queste borse sono **mie**
Tu hai un pacco	Questo è **il tuo pacco**	Questo pacco è **tuo**
Tu hai una penna	Questa è **la tua penna**	Questa penna è **tua**
Tu hai dei pacchi	Questi sono **i tuoi pacchi**	Questi pacchi sono **tuoi**
Tu hai delle penne	Queste sono **le tue penne**	Queste penne sono **tue**
Giulio ha un dolce	Questo è **il suo dolce**	Questo dolce è **suo**
Giulio ha una torta	Questa è **la sua torta**	Questa torta è **sua**
Giulio ha dei dolci	Questi sono **i suoi dolci**	Questi dolci sono **suoi**
Giulio ha delle torte	Queste sono **le sue torte**	Queste torte sono **sue**

Noi prendiamo un caffè	Questo è **il nostro caffè**	Questo caffè è **nostro**
Noi prendiamo una pasta	Questa è **la nostra pasta**	Questa pasta è **nostra**
Noi prendiamo dei caffè	Questi sono **i nostri caffè**	Questi caffè sono **nostri**
Noi prendiamo delle paste	Queste sono **le nostre paste**	Queste paste sono **nostre**
Voi prendete del vino	Questo è **il vostro vino**	Questo vino è **vostro**
Voi prendete della birra	Questa è **la vostra birra**	Questa birra è **vostra**
Voi comprate dei vini	Questi sono **i vostri vini**	Questi vini sono **vostri**
Voi comprate delle birre	Queste sono **le vostre birre**	Queste birre sono **vostre**
Loro hanno un figlio	Questo è **il loro figlio**	Questo figlio è **loro**
Loro hanno una figlia	Questa è **la loro figlia**	Questa figlia è **loro**
Loro hanno dei figli	Questi sono **i loro figli**	Questi figli sono **loro**
Loro hanno delle figlie	Queste sono **le loro figlie**	Queste figlie sono **loro**

Como você deve ter percebido, os adjetivos e pronomes possessivos são iguais em italiano. **Loro** é tanto pronome pessoal como possessivo:

***Loro* escono con *i loro figli*.**
Eles saem com os seus filhos (os filhos deles).

Loro também é invariável independentemente do substantivo que o segue (masculino, feminino, singular ou plural):

la loro figlia/le loro figlie.
a sua filha (a filha deles/delas)/as suas filhas (as filhas deles/delas).

il loro fratello/i loro fratelli.
o seu irmão (o irmão deles/delas)/os seus irmãos (os irmãos deles/delas).

Lição 7

Os pronomes possessivos, em italiano, são precedidos do artigo definido. No caso de pronomes possessivos, usados após o verbo **essere** (ser), o artigo pode ser omitido. Compare as frases abaixo:

Questo è il mio caffè e quello è tuo (ou **è il tuo**).
Este é o meu café, e aquele é **seu** (ou **o seu**).

Noi compriamo i nostri dolci e voi comprate i vostri.
Nós compramos os nossos doces e vocês compram os seus.

---

2. AVVERBI / ADVÉRBIOS (*MOLTO, POCO, TROPPO*)

Quando usados como advérbios, **molto**, **poco** e **troppo** são invariáveis e sempre terminam em **-o**.

(1) Quando acompanham um adjetivo, essas palavras significam "muito", "pouco/não muito" e "demais/muito", respectivamente:

Valeria è una mia amica *molto* simpatica.
Valeria é uma amiga minha *muito* simpática.

Sono *troppo* stanca.
Estou cansada *demais*.

È *poco* simpatico.
Não é muito simpático.

(2) Os significados são os mesmos quando acompanham verbos:

Anna viaggia *molto* e ha sempre *troppo* da fare.
Anna viaja *muito* e sempre tem muito o que fazer.

Lavorano *troppo*.
Trabalham *demais*.

C'è *poco* da fare.
Há *pouco* o que fazer.

Quando usados como adjetivos, **molto**, **poco** e **troppo** concordam com o substantivo ao qual se referem. Na maioria dos casos, os significados dessas palavras são os mesmos que já vimos acima.

C'è *poco* vino.
Há *pouco* vinho.

Non c'è *molto* tempo.
Não há *muito* tempo.

Ci sono molti *buoni* vini in Italia.
Há *muitos* vinhos bons na Itália.

Beviamo *troppo* caffè.
Bebemos café *demais*.

Lição 7

Giulio beve *troppe* tazze di caffe.
Giulio bebe xícaras de café *demais*.

Ci sono rimaste solo *poche* fette di dolce.
Sobraram apenas *poucas* fatias de doce.

VOCABOLARIO / VOCABULÁRIO

Desidera? (formal): O que o senhor/a senhora deseja?
Desidero/Vorrei...: Eu quero/gostaria...
desiderare: querer, desejar
sedersi all'aperto: sentar ao ar livre
portare in giro: levar para dar uma volta
portare: levar, trazer, carregar
prendere: tomar, apanhar, pegar
preparare: preparar
vedersi: ver-se, encontrar-se
cenare: jantar
pranzare: almoçar
fare colazione: tomar café da manhã
servire la colazione: servir o café da manhã
mangiare: comer
bere: beber/tomar
pagare: pagar
rilassarsi: relaxar
tenere: guardar (ficar com), manter, segurar
comprare: comprar
piazza: praça
via, viale: rua, estrada
autostrada: autoestrada
cameriere: garçom
torta: torta, bolo
pasta: tortinhas, biscoitos e outros doces de padaria (geralmente pequenos)
la pasta (geralmente no singular): massa (p. ex., macarrão, lasanha etc.)
caffè ristretto: café preto forte
caffè macchiato: café com algumas gotas de leite
bevanda alcolica: bebida alcoólica
analcolico: bebida não alcoólica
tè: chá
latte: leite
limone: limão
mela: maçã
fragola: morango
panna: creme
tipo di dolce: tipo de doce
dolci: doces, sobremesas

71

cornetto: croissant
fetta: fatia
pezzo: pedaço
zucchero: açúcar
con/senza zucchero: com/sem açúcar
amaro: amargo, não adoçado
tazza: xícara, taça
casa: casa
cliente: cliente
cognome: sobrenome
impegnato/occupato: ocupado
la linea è occupata: a linha/o telefone está ocupada/ocupado
impegno: compromisso
libero: livre, desocupado
solo, soltanto (adv.): só, apenas, somente
programma: programa, programação, plano
ordinazione: pedido (de compra)
appuntamento: hora marcada, compromisso
pomeriggio: tarde (parte do dia)
tempo: tempo (tanto no sentido de horas como de clima)
Ottima idea!: Ótima ideia!
il resto: o troco (dinheiro)
il conto: a conta
per piacere/per favore: por favor
oppure: ou
molto: muito
poco: pouco, não muito
troppo: demais
tanto: tão, tanto
Nient'altro?: Mais alguma coisa?
Basta così.: Só isso.
sul tardi: mais tarde, à noite
più tardi: mais tarde
genitori: pais
parenti: parentes
padre: pai
madre: mãe
fratello: irmão
sorella: irmã
figlio: filho
figlia: filha
cugino: primo
il nipote (masculino): sobrinho, neto
la nipote (feminino): sobrinha, neta
cognato: cunhado
cognata: cunhada

suocero: sogro
suocera: sogra
nuora: nora
genero: genro
papà: papai
mamma: mamãe
nonno: avô, vovô
nonna: avó, vovó

ESERCIZI / EXERCÍCIOS

Seguindo os exemplos abaixo, complete os espaços com as formas corretas dos adjetivos e pronomes possessivos:

Ex.:
Questa è la penna di Paulo.   Questa è **la sua penna**.   Questa penna è **sua**.

Questo è il libro di Anna.   Questo è **il suo libro**.   Questo libro è **suo**.

1. Questa è la casa di Marco Valli. Questa è _____. Questa casa è _____.

2. Questo è il biglietto della signorina Alberti. Questo è _____. Questo biglietto è _____.

3. Questa è la figlia di Carla e Marco Valli. Questa è _____. Questa figlia è _____.

4. Giulio è l'amico di Anna. È _____.

5. Questo è il quaderno degli studenti. Questo è _____. Questo quaderno è _____.

6. Questa è la macchina di Beppe. Questa è _____. Questa macchina è _____.

7. Metto i biglietti tuoi e quelli di Anna nella borsa. Questi sono _____.

8. Io e mio fratello ci chiamiamo Carpenter. Questo è _____ cognome.

9. Questi sono gli amici di Marco Valli. Sono _____.

10. Queste sono le amiche di Carla. Sono _____.

11. Questi sono i vestiti di Anna. Sono _____. Questi vestiti sono _____.

Lição 7

12. Questi sono gli amici di Marco e Carla Valli. Sono
    _____.

13. Queste sono le borse delle ragazze. Sono _____.
    Queste borse sono _____.

14. Queste sono le valigie di Paulo. Sono _____.
    Queste valigie sono _____.

15. Carla è la moglie di Marco. È _____.

16. Marco è il marito di Carla. È _____.

17. Giulio è amico di Anna. È un _____.

18. Anna è amica di Giulio. È una _____.

19. Anna prende una fetta di torta e mangia _____.

20. Giorgio prende un cappuccino e beve _____.

Exercício B

Agora, responda a estas perguntas sobre você usando as formas corretas dos adjetivos e pronomes possessivos:

1. Come si chiamano i tuoi genitori?
   _____ padre si chiama _____.
   _____ madre si chiama _____.

2. Sei sposato?/Sei sposata?
   Sì, _____ moglie/_____ marito si chiama _____.

3. Hai figli?
   Sì, _____ figlio/_____ figlia si chiama _____.

   Sì, _____ figli si chiamano _____.

4. Hai fratelli o sorelle?
   Sì ho delle sorelle. _____ sorelle si chiamano _____.

   Sì, ho dei fratelli. _____ fratelli si chiamano _____.

5. Hai dei cugini? Sì, ho dei cugini. _____ cugini si chiamano _____.

6. Hai dei nipoti? Sì, ho dei nipoti. _____ nipoti si chiamano _____.

7. Dove abita?
   _____ casa è a _____.

Complete as frases usando a forma correta de **molto**, **poco**, ou **troppo**:

1. Noi abbiamo _____ da studiare. (*pouco*)
2. Tu mangi _____ a colazione. (*demais*)
3. Gli italiani mangiano _____ a colazione. (*pouco*)
4. Noi leggiamo _____ (*muito*), ma voi leggete _____. (*pouco*)
5. Ho _____ lavoro da fare. (*muito*)
6. Anna ha _____ amici a Boston. (*pouco*)
7. Abbiamo _____ esercizi da fare. (*muito*)
8. Stasera ho bevuto _____ vino. (*muito*)
9. Ci sono _____ fette di pane sul tavolo. (*muito*)
10. Ho bevuto _____ tazze di tè oggi. (*pouco*)
11. Anna ha mandato _____ cartoline a Paulo. (*muito*)
12. Abbiamo comprato _____ biglietti della metropolitana. (*muito*)
13. Prendo _____ latte nel caffè. (*pouco*)

Visite <http://www.berlitzpublishing.com> para atividades extras na internet – vá à seção de downloads e conecte-se com o mundo em italiano!

Lição

8 UNA PRENOTAZIONE
UMA RESERVA

Marco Valli è a Firenze. Deve frequentare un corso per insegnanti di italiano e ha prenotato una camera all'Albergo Alba per una settimana. Appena arrivato, si rivolge alla portineria dell'albergo.
Marco Valli está em Florença. Ele tem que fazer um curso para professores de italiano e reservou um quarto no Hotel Alba por uma semana. Assim que chega, vai à recepção do hotel.

La portiera **Buongiorno, mi dica!**
Bom dia, posso ajudá-lo?

Marco Valli **Buongiorno. Ho una prenotazione a partire da oggi.**
Bom dia. Tenho uma reserva a partir de hoje.

La portiera **A che nome, prego?**
Em nome de quem, por favor?

Marco Valli **Valli, Marco Valli.**
Valli, Marco Valli.

Lição 8

La portiera	Attenda un attimo... mi faccia controllare... No, non trovo nessuna prenotazione a nome Valli. Espere um instante... Deixe-me verificar... Não, não encontro nenhuma reserva no nome de Valli.
Marco Valli	Com'è possibile? Ho mandato un'e-mail per prenotare la camera e voi mi avete confermato la prenotazione. Como é possível? Eu enviei um e-mail para reservar o quarto e vocês confirmaram a reserva.
La portiera	Quando ha prenotato? Quando fez a reserva?
Marco Valli	Circa un mese fa. Há cerca de um mês.
La portiera	Ah sì, ecco ho trovato! Una prenotazione per una singola con bagno per una settimana. Ah, sim, encontrei. Uma reserva para um apartamento simples, com banheiro, por uma semana.
Marco Valli	Meno male! Ainda bem!
La portiera	Ecco, è la camera 207 al secondo piano. Questa è la sua chiave. É o apartamento 207, no segundo andar. Esta é a sua chave.
Marco Valli	Grazie. Dov'è l'ascensore? Obrigado. Onde é o elevador?
La portiera	È a destra. Può lasciarmi anche un documento, per piacere? É à direita. Poderia deixar um documento, por favor?
Marco Valli	Ecco il passaporto! Mi può dire a che ora è la colazione? Aqui está o meu passaporte! Poderia me dizer a que horas é o café da manhã?
La portiera	La colazione è servita dalle 7 alle 9.30 nella sala da pranzo al primo piano. O café da manhã é servido das 7 às 9h30 no restaurante, no primeiro andar.
Marco Valli	Posso avere la sveglia domani mattina? Posso ser despertado amanhã de manhã?
La portiera	Certo. A che ora? Claro. A que horas?
Marco Valli	Alle sette e mezzo. Às sete e meia.

77

La portiera	**Alle sette e mezzo, stanza 207.** *(scrivendo)*	
	Às sete e meia, apartamento 207. *(escrevendo)*	
Marco Valli	**Perfetto! Grazie e arrivederci!**	
	Perfeito! Obrigado e até mais!	
La portiera	**Prego. ArrivederLa!**	
	Por nada. Até logo!	

DOMANDE E RISPOSTE / PERGUNTAS E RESPOSTAS

Ha la prenotazione?
Tem reserva?

Sì, ce l'ho.
Sim, tenho.

Quando ha prenotato?
Quando fez a reserva?

Circa un mese fa.
Há cerca de um mês.

Quanto tempo si ferma?
Fica hospedado por quanto tempo?

Due settimane.
Duas semanas.

Ha trovato la prenotazione?
Encontrou a reserva?

Sì, l'ho trovata!
Sim, eu a encontrei!

Ha trovato i nostri nomi nella lista?
Encontrou os nossos nomes na lista?

Sì, li ho trovati!
Sim, eu os encontrei!

Che numero è la camera?
Qual é o número do quarto?

È la camera 207.
É o quarto 207.

A che piano è?
Fica em que andar?

Al secondo piano.
No segundo andar.

Dov'è l'ascensore?
Onde é o elevador?

A destra.
À direita.

Dov'è la sala da pranzo?
Onde fica o restaurante (do hotel)?

A sinistra.
À esquerda.

Mi dà un documento, per piacere?
Dê-me um documento, por favor?

Ecco il passaporto.
Aqui está o passaporte.

A che ora è la colazione?
A que horas é o café da manhã?

Dalle 7 alle 9.30.
Das 7 às 9h30.

Dove si serve la colazione?
Onde é servido o café da manhã?

Nella sala da pranzo al primo piano.
No restaurante no primeiro andar.

Lição 8

Posso avere la sveglia domani mattina?	Certo.
Posso ser despertado amanhã de manhã?	Claro.
A che ora?	Alle sette.
A que horas?	Às sete.

PAROLE DA RICORDARE / PALAVRAS QUE VOCÊ DEVE LEMBRAR

Reservei um quarto a partir de hoje.	Ho prenotato una camera a partire da oggi.
Faço um curso em Florença.	Frequento un corso a Firenze.
Reservei um quarto por duas noites.	Ho prenotato una camera per due notti.
Fiz a reserva há cerca de uma semana.	Ho fatto la prenotazione circa una settimana fa.
Reservei um quarto duplo, com banheiro.	Ho prenotato una camera doppia con bagno.
Encontrei a chave.	Ho trovato la chiave.
Eu a encontrei!	L'ho trovata!
Você confirmou a reserva.	Ha confermato la prenotazione.
Qual é o número do quarto?	Che numero è la camera?
Em que andar fica o quarto?	A che piano è la camera?
Onde fica o elevador?	Dov'è l'ascensore?
Onde fica o restaurante (do hotel)?	Dov'è la sala da pranzo?
A que horas é o café da manhã?	A che ora è la colazione?
Como é possível?	Com'è possibile?
Ainda bem!	Meno male!
Posso ser despertado às sete, amanhã de manhã?	Posso avere la sveglia alle sette domani mattina?
Perfeito!	Perfetto!

Lição 8

De nada!	Prego!
por favor	per piacere/per favore
Posso ajudá-lo?	Mi dica!

GRAMMATICA / GRAMÁTICA

1. NEGAZIONE / NEGAÇÃO

As frases negativas, em italiano, devem ter sempre a palavra non antes do verbo. Portanto, no caso dos adjetivos negativos nessun, nessuno/nessuna (que significam *nenhum/nenhuma* e são seguidos de substantivos), o verbo deve ser precedido de non. Isso resulta em frases com sentido negativo. A concordância negativa é bem comum em italiano.

Observação: Nessuno é usado antes de palavras masculinas que começam com z ou s + consoante.

Non c'e nessun signor Valli prenotato.

Non c'è nessuna prenotazione.

Non ho nessun fratello.

Anna non ha nessuna amica a Boston.

Observação: Esses adjetivos não existem no plural.

Nessuno também é um pronome, quando usado no sentido de *ninguém*.
Nessuno ha prenotato per oggi.
Ninguém fez reserva para hoje.

As frases negativas com o pronome negativo niente (*nada*) também precisam do non antes do verbo.
Non ho dimenticato niente.
Não esqueci nada.

Observe a diferença entre nessuno e niente:

Non ho visto nessuno. Não vi ninguém.
Non ho visto niente. Não vi nada.

Non mi serve nessuno. Não preciso de ninguém.
Non mi serve niente. Não preciso de nada.

Ti serve niente? (informal) Você precisa de alguma coisa?
Le serve niente? (formal) Você precisa de alguma coisa?

80

2. PRONOMI OGGETTO DIRETTO/INDIRETTO / PRONOMES OBLÍQUOS (OBJETOS DIRETOS/INDIRETOS)

Os pronomes oblíquos (que têm função de objeto) podem ser divididos em átonos e tônicos.

Em português, eles são *me/mim/comigo, te/ti/contigo, o/a/lhe/se/si/ consigo, nos/conosco, vos/convosco, os/as/lhes/se/si/consigo*. No italiano, há algumas diferenças entre os pronomes que desempenham as funções de objeto direto e indireto. Observe as frases abaixo e note a diferença entre **la** (função de objeto direto) e **le** (função de objeto indireto).

Giorgio invita Anna (**lei**) a cena e manda **a lei** dei fiori.
La invita a cena e **le** manda dei fiori.

Sujeito	Objeto Direto	Objeto Indireto
Io	mi invita	mi manda
Tu	ti invita	ti manda
Lui	lo invita	gli manda
Lei	la invita	le manda
Noi	ci invita	ci manda
Voi	vi invita	vi manda
loro ♂	li invita	gli manda ♂
loro ♀	le invita	gli manda ♀

Vamos estudar os pronomes com função de objeto direto mais a fundo:

Lo/li são os pronomes masculinos, no singular e no plural, respectivamente.

Trovo **il suo nome** nella lista. – **Lo** trovo.
Paul legge **il libro.** – **Lo** legge.
Non trovo **i loro nomi** nella lista. – Non **li** trovo.
Paul legge **i libri.** – **Li** legge.

La é o pronome feminino no singular, e **le** é a sua forma no plural:

Cerco **la sua prenotazione.** – **La** cerco.
Trovo **la camera** in albergo. – **La** trovo.
Cerco **le vostre prenotazioni.** – **Le** cerco.
Trovo **le camere** in albergo. – **Le** trovo.

Lição 8

3. I PRONOMI TONICI / OS PRONOMES TÔNICOS

Me, te, lui, lei, noi, voi e loro são chamados pronomes tônicos e são usados após um verbo ou preposição para criar contraste ou ênfase.
Eis alguns exemplos de pronomes tônicos usados após verbos. Observe nos exemplos como os pronomes átonos (que vêm antes do verbo) podem substituir os tônicos.

Cerchi me? – Mi cerchi? (Está me procurando?)
Guardi me? – Sì, ti guardo. (Está olhando para mim? – Sim, estou olhando para você.)
Cercate noi? – Ci cercate? (Está nos procurando?)
Guardate noi? – Sì, vi guardiamo. (Está olhando para nós? – Sim, estamos olhando para vocês.)

O pronome oblíquo átono La se refere ao pronome formal Lei, e é usado no singular tanto no masculino como no feminino:

Signorina Alberti, aspetto Lei. – La aspetto. (Senhorita Alberti, eu a estou esperando.)
Professor Valli, aspetto Lei. – La aspetto. (Professor Valli, eu o estou esperando.)
Piacere di conoscerLa, signorina Alberti. (Prazer em conhecê-la, senhorita Alberti.)
Piacere di conoscerLa, professor Valli. (Prazer em conhecê-lo, professor Valli.)
ArrivederLa, signorina. (Até mais, senhorita.)
ArrivederLa, professore. (Até mais, professor.)

---

4. AGGETTIVI NUMERALI ORDINALI / NÚMEROS ORDINAIS

Os números ordinais seguem um padrão semelhante ao dos adjetivos comuns: terminam em -o, -a, -i ou -e, dependendo do gênero e número dos substantivos a que se referem.

primo	primeiro
secondo	segundo
terzo	terceiro
quarto	quarto
quinto	quinto
sesto	sexto
settimo	sétimo

Lição 8

ottavo	oitavo
nono	nono
decimo	décimo

Todos os outros números ordinais são formados com a substituição da última vogal pela terminação -esimo, por exemplo, quindicesimo – décimo quinto. Na Itália, é comum usar números romanos nesses casos.

VOCABOLARIO / VOCABULÁRIO

albergo: hotel
la portineria: a recepção (do hotel)
l'atrio dell'albergo: saguão do hotel
pensione: pensão, albergue
ospite: hóspede
alloggio: hospedagem/acomodação
vitto e alloggio: estadia e alimentação
pensione completa: pensão completa
mezza pensione: meia pensão
alta stagione: alta estação
bassa stagione: baixa estação
prenotazione: reserva
prenotare: reservar
frequentare: frequentar/fazer (p. ex., um curso)
preferire: preferir
a partire da: a partir de
guidare: dirigir (veículos)
controllare: checar/verificar
cercare: procurar/buscar
guardare: olhar
attendere/aspettare: aguardar/esperar
Attenda un attimo. (formal): Aguarde um instante.
Attenda! (formal): Aguarde! (p. ex., no telefone)
Ti serve niente? (informal): Você não precisa de nada?/ Posso fazer algo por você?
Le serve niente? (formal): Você não precisa de nada?/Posso fazer algo por você?
Mi dica? (formal): Posso ajudá-lo/-la?
carta d'identità: carteira de identidade
lista di nomi: lista de nomes
nome: nome
cognome: sobrenome
indirizzo: endereço

ascensore: elevador
riscaldamento: aquecedor/calefação
aria condizionata: ar-condicionado
stanza/camera: quarto (de hotel)
camera singola: quarto simples
camera matrimoniale/doppia: quarto de casal
con bagno/senza bagno: com banheiro/sem banheiro
doccia: chuveiro
vista: vista
con vista su…: com vista para…
letto: cama
andare a letto: ir para a cama/ir dormir
Posso avere la sveglia a…?: Posso ser despertado…?
sveglia telefonica: despertador por telefone
sveglia: despertador
orologio: relógio
sala da pranzo: sala de jantar, restaurante (de hotel)
fiore: flor
festa: festa
piano: andar/piso
primo/secondo piano: primeiro/segundo andar
pianoterra: térreo (andar/piso)
ultimi piani: últimos andares/pisos (mais altos)
numero: número
nessuno: nenhum, ninguém
niente: nada
piuttosto presto/tardi: um tanto cedo/tarde
Meno male!: Ainda bem!
Come mai?: Como assim?
spesso: com frequência, frequentemente
da molto (tempo): há muito (tempo)
certo: claro
il primo e l'ultimo: o primeiro e o último

ESERCIZI / EXERCÍCIOS

Leia o e-mail que o professor Valli enviou ao Hotel Alba, em Florença:

A: **hotelalba@firenzenet.it**
Da: Marco Valli **mvalli@tiscali.it**
Oggetto: **Prenotazione**

Attenzione: Direzione Albergo Alba:

Vorrei prenotare una camera singola con bagno dal 7 al 15 ottobre. Preferirei una camera tranquilla al secondo piano con vista su Piazza della Signoria.

Resto in attesa di una vostra conferma.

Cordiali saluti,
Marco Valli

Abaixo há um e-mail enviado pelo dr. Walters solicitando a reserva de um hotel na praia para as férias da família. Porém, o texto está fora de ordem. Reescreva o e-mail colocando as frases na ordem correta. Use o e-mail de Marco Valli como modelo.

1. Da: Dr. Peter Walters peter.walters@yahoo.com
2. Possibilmente due stanze tranquille con vista sul mare. Trattamento mezza pensione.
3. Vorrei prenotare due camere doppie con bagno, comunicanti: una con letto matrimoniale e una a due letti, per dieci giorni a partire dal 30 giugno.
4. Cordiali saluti Peter Walters
5. In attesa di vostra conferma.
6. A: albergoregina@genovanet.it
7. Attenzione: Direzione Albergo Regina
8. Oggetto: Prenotazione

_____
_____
_____
_____
_____

Lição 8

Exercício B

Troque os pronomes tônicos **me-te-lui-lei-noi-voi-loro** pelos pronomes átonos corretos, **mi-ti-lo-la-ci-vi-li-le**, usando como modelo os exemplos abaixo:

Ex.:
Invita **me** alla sua festa. – **Mi** invita alla sua festa.
Chiama **te** al telefono? – Sì, **mi** chiama al telefono

1. Invito lui alla festa. – _____ invito alla festa.
2. Invito te a cena. – _____ invito a cena.
3. Invito te e Anna (voi) a pranzo. – _____ invito a pranzo.
4. Invitano noi a fare un giro. – _____ invitano a fare un giro.
5. Conosciamo loro molto bene. – _____ conosciamo molto bene.
6. Gentile Signora, conosco Lei da molto tempo. – _____ conosco da molto tempo.
7. Professore, presento Lei ai miei amici – _____ presento ai miei amici.
8. Giulio, conosco te da molto tempo. – _____ conosco da molto tempo.
9. Giulio invita Anna (lei) a cena. – _____ invita a cena.
10. Incontri lei spesso? Sì, _____ incontro spesso.
11. Conosci lui da molto? Sì, _____ conosco da molto.
12. Incontri loro alla festa? Sì, _____ incontro alla festa.
13. Chiami me al telefono? Sì, _____ chiamo al telefono.
14. Invitano te spesso? Sì, _____ invitano spesso.
15. Conosci Anna? Sì, _____ conosco.
16. Chiami loro al telefono? Sì, _____ chiamo al telefono.
17. Inviti anche noi al cinema? Sì, _____ invito al cinema.
18. Invitano anche voi a teatro? Sì, _____ invitano.

19. Invitate anche le amiche di Anna (loro: ♀)?
    Sì, _____ invitiamo.

20. Portate a cena Anna e i suoi amici (loro: ♂)?
    Sì, _____ portiamo a cena.

Responda às perguntas usando os pronomes átonos **lo**, **la**, **li** ou **le** de forma apropriada. Complete os verbos e use a negação quando necessário.

Ex.:
Mostrate i documenti? Sì, **li** mostriamo.
Trovi il passaporto? No, non **lo** trovo.

1. Conoscete gli studenti? Sì, _____ conosci _____ .

2. Trovi i nostri nomi nella lista? No, _____ trov _____ .

3. Bevi tutti questi caffè? Sì, _____ bevo.

4. Mangiate le paste a colazione? No, _____ mangi _____ .

5. Preferisci questi dolci? Sì, _____ preferisc _____ .

6. Prendi la torta di mele? Sì, _____ prend _____ .

7. Devi comprare tutti questi libri? Sì, _____ devo comprare tutti.

8. A che ora servono il pranzo? _____ servono dalle 12.30 alle 14.

9. Prepari il pranzo? Sì, _____ prepar _____ .

10. A che ora servono la colazione? _____ servono dalle 7.30 alle 9.

11. Fai colazione? Sì, _____ facci _____ .

12. Preferisci una stanza ai piani alti? Sì, _____ preferisc _____ .

13. Vuoi lo zucchero nel caffè? No, _____ voglio, _____ prendo amaro.

14. A che ora danno la sveglia? _____ danno alle 6.

15. Scrivi tutte queste lettere? Sì, _____ scrivo.

Lição 8

Exercício C

Lição 8

16. Sai guidare la macchina? Sì, _____ so guidare.
17. Parli italiano? Sì, _____ parl _____ un po.'
18. Vedi spesso le tue amiche? Sì, _____ vedo spesso.
19. Prendete i biglietti per il teatro? Sì, _____ prendi _____.
20. Paulo, prendi questo libro, è interessante! Sì, _____ prendo e _____ legg_____ subito.

> Visite <http://www.berlitzpublishing.com> para atividades extras na internet – vá à seção de downloads e conecte-se com o mundo em italiano!

Lição

ALL'UFFICIO POSTALE
NO CORREIO

9

**Due anni dopo, Paul, un giovane di diciannove anni ormai, è tornato in Italia per una vacanza studio.
È all'ufficio postale per spedire delle lettere ai suoi amici in tutte le parti del mondo.**
Dois anos depois, Paul, agora um jovem de dezenove anos, voltou à Itália para um curso de férias.
Ele está no correio para enviar algumas cartas a seus amigos de todos os lugares do mundo.

Paul **Può darmi dei francobolli per queste lettere e per questa cartolina?**
Você poderia me dar uns selos para estas cartas e este cartão-postal, por favor?

L'impiegata **Sono per l'Italia?**
São para a Itália?

Paul **Una lettera è per gli Stati Uniti, l'altra è per l'Inghilterra e la cartolina è per l'Italia.**
Uma carta é para os Estados Unidos, a outra é para a Inglaterra, e o cartão-postal é para a Itália.

Lição 9

L'impiegata   **Ti piace scrivere, eh! Vediamo un po'... Questi sono i francobolli per la lettera degli Stati Uniti e questi quelli per l'Europa, inclusa l'Italia.**
Você gosta de escrever, hein? Vamos ver... Estes são os selos para a carta dos Estados Unidos, e estes os para a Europa, incluindo a Itália.

Paul   **Grazie. Dovrei spedire anche questo pacchetto. È per l'Australia. È possibile mandarlo via aerea? Quanto ci mette?**
Obrigado. Também preciso enviar este pacote. É para a Austrália. É possível enviá-lo por via aérea? Quanto tempo leva?

L'impiegata   **Sì, certo, ma ci metterà almeno due settimane.**
Sim, claro, mas levará pelo menos duas semanas.

Paul   **Va bene. Eccolo! Può pesarlo?**
Tudo bem. Aqui está! Pode pesá-lo?

L'impiegata   **Sì, pesa ottocento grammi. Ti costa sui dodici euro. E devi compilare anche questo modulo.**
Sim, pesa oitocentos gramas. Vai lhe custar cerca de doze euros. E você também precisa preencher este formulário.

Paul   **Grazie. Cosa devo scrivere qui?**
Obrigado. O que tenho que escrever aqui?

L'impiegata   **Scrivi il nome e l'indirizzo del mittente e del destinatario. Poi su questa riga il contenuto del pacco e il suo valore approssimativo.**
Escreva o nome e o endereço do remetente e do destinatário. Depois, nesta linha, o conteúdo do pacote e o seu valor aproximado.

Paul   **Ecco fatto! Spero che sia leggibile!**
Pronto, terminei! Espero que esteja legível!

L'impiegata   **Vediamo. Sì, può andare.**
Vejamos. Sim, está bem assim.

Paul   **Quant'è con i francobolli?**
Quanto é com os selos?

L'impiegata   **Sono quindici euro e cinquanta in tutto. Se hai degli spiccioli è meglio, perchè non ho resto.**
São quinze euros e cinquenta no total. Se você tiver trocado, é melhor, porque não tenho troco.

Paul   **Sì, ce li ho. Eccoli!**
Sim, eu tenho. Aqui está!

DOMANDE E RISPOSTE / PERGUNTAS E RESPOSTAS

Dov'è Paul?
Onde está Paul?

È all'ufficio postale.
Está no correio.

Quanti anni sono passati?
Quantos anos se passaram?

Due anni.
Dois anos.

Quanti anni ha Paul adesso?
Quantos anos Paul tem agora?

Ha diciannove anni.
Tem dezenove anos.

Perchè è tornato in Italia?
Por que voltou à Itália?

Per una vacanza studio.
Para um curso de férias.

Cosa chiede all'impiegata?
O que ele está pedindo à funcionária?

Chiede dei francobolli.
Pede alguns selos.

Può darmi dei francobolli?
Poderia me dar alguns selos?

Sì, eccoli!
Sim, aqui estão!

Dove manda le lettere?
Para onde ele envia as cartas?

Le manda in America e in Inghilterra.
Ele as envia aos Estados Unidos e à Inglaterra.

Dove manda il pacco?
Para onde ele envia o pacote?

Lo manda in Australia.
Ele o envia para a Austrália.

Quanto pesa il pacco?
Quanto pesa o pacote?

Pesa ottocento grammi.
Pesa oitocentos gramas.

Quanto costa?
Quanto custa?

Sui dodici euro.
Cerca de doze euros.

Le piace scrivere? (formal)
Você gosta de escrever?

Sì, mi piace.
Sim, gosto.

Ha degli spiccioli? (formal)
Você tem trocado?

Sì, ne ho.
Sim, eu tenho.

Ha il resto? (formal)
Você tem o troco?

No, non ce l'ho.
Não, não tenho.

Lição 9

PAROLE DA RICORDARE / PALAVRAS QUE VOCÊ DEVE LEMBRAR

Poderia me dar alguns selos?	Mi dà dei francobolli? (informal)
É possível enviar um pacote por via aérea?	È possibile mandare un pacco via aerea?
Quanto tempo leva para chegar aos Estados Unidos?	Quanto ci mette per gli Stati Uniti?
Pode pesá-lo?	Può pesarlo? (informal)
Quanto custa?	Quanto costa?
Tenho que preencher este formulário.	Devo compilare questo modulo.
O que tenho que escrever aqui?	Cosa devo scrivere qui?
nome e endereço do remetente e do destinatário	nome e indirizzo del mittente e del destinatario
o conteúdo e o valor aproximado	il contenuto e il suo valore approssimativo
Aqui está.	Ecco.
Quantos anos você tem?	Quanti anni hai? (informal)
Espero que esteja legível.	Spero sia leggibile.
Vejamos./ Deixe-me ver.	Vediamo.
Está bem assim.	Può andare.
trocado	spiccioli
Não tenho troco.	Non ho resto.
no total	in tutto

GRAMMATICA / GRAMÁTICA

1. USO DEL VERBO AVERE / **USO DO VERBO** AVERE

O verbo avere (ter) é usado para indicar a idade de alguém:

Ho venti anni.
Tenho vinte anos.

Paulo ha diciannove anni ormai.
Paulo está com dezenove anos agora.

Use a seguinte frase para perguntar a idade de alguém:

Quanti anni hai? (ou **ha**, se você quiser usar o registro formal)
Ho più di trent'anni, ormai.
Quantos anos você tem? Já tenho mais de trinta anos.

---

2. PRONOMI OGGETTO INDIRETTO / PRONOMES OBLÍQUOS COM FUNÇÃO DE OBJETO INDIRETO

Na Lição 8, nós estudamos o uso dos pronomes oblíquos *com função de objeto direto*. Agora vamos estudar os pronomes com função de objeto indireto mais a fundo. Como já vimos, os pronomes tônicos **a me**, **a te**, **a lui**, **a lei**, **a noi**, **a voi** e **a loro** geralmente podem vir antes do verbo. Mas, para isso, eles devem mudar para **mi**, **ti**, **gli**, **le**, **ci**, **vi** e **gli** e perder a preposição.

Parla **a me**. – **mi** parla.

Scrive **a te**. – **ti** scrive.

Carla telefona a **Valeria** (**a lei**). – **le** telefona.

Giulio manda **a Anna** (**a lei**) dei fiori. – **le** manda dei fiori.

Paulo spedisce **a suo fratello** (**a lui**) un pacco. – **gli** spedisce un pacco.

Noi mandiamo **a voi** dei fax, ma voi mandate **a noi** delle lettere. – Noi **vi** mandiamo dei fax, ma voi **ci** mandate delle lettere.

Noi scriviamo **ai nostri clienti** (**a loro**). – **gli** scriviamo.

Anna telefona **alle sue amiche** (**a loro**). – **gli** telefona.

Observação:
Anna telefona **alla sua amica** (**a lei**). – **le** telefona.
Anna telefona **a Giulio** (**a lui**). – **gli** telefona.

Mas no plural usamos **gli** para ambos os casos:

Anna telefona **alle sue amiche** (**a loro**). – **gli** telefona.
Anna telefona **ai suoi amici** (**a loro**). – **gli** telefona.

Apesar de a forma mais recomendada, em italiano, para o masculino e o feminino plural ser **telefona loro**, hoje em dia, **gli telefona** é quase sempre usado na linguagem coloquial.

O pronome oblíquo formal *com função de objeto indireto*, ou seja, referente a **Lei**, é sempre **Le**, tanto para masculino como para feminino.

Professor Valli, certamente telefono **a Lei** domani. – **Le** telefono certamente domani.

Lição 9

Signorina Alberti, voglio presentare **a Lei** un mio studente. – **Le** presento un mio studente.

3. USO DI CI COME PRONOME E AVVERBIO / USO DE CI COMO PRONOME E ADVÉRBIO

O pronome oblíquo **ci** pode ter função de objeto direto ou indireto, significando, respectivamente, **nos** ou **a nós**. Com verbos que exprimem reciprocidade, **ci** significa *nos/um ao outro*. Nós já vimos as seguintes expressões:

Ci vediamo più tardi.
Nos vemos mais tarde – Nós nos veremos/encontraremos mais tarde.

Ci vediamo un'altra volta.
Nos vemos uma próxima vez.

Ci siamo salutati.
Nós nos cumprimentamos.

A partícula **ci** também pode ser um advérbio que indica *lá, ali*. Já vimos esse uso várias vezes nas lições passadas com as expressões **c'è** e **ci sono** – *há* (no sentido de *existir*, singular e plural).

Ci sono dei vestiti nella valigia.
C'è Valeria, l'amica di Carla.
Ci sono gli amici di Marco.

Como advérbio de lugar, **ci** também significa *aqui* ou *lá/ali*:

Vou lá.
vado lì. – *ci* vado.

Estou aqui.
sto qui. – *ci* sto.

Subo no trem às oito.
salgo sul treno alle otto. – *ci* salgo alle otto.

Ci também é uma parte intraduzível dos verbos **metterci** e **volerci** – levar, ser necessário (no sentido de tempo que se gasta, por exemplo). Nós já vimos estas expressões:

Ci metto un'ora per arrivare all'aeroporto.
Levo uma hora para chegar ao aeroporto.

Il pacco ci mette due settimane ad arrivare in Australia.
O pacote leva duas semanas para chegar à Austrália.

Volerci pode ser usado no lugar de **metterci**, mas, como é um verbo impessoal, deve ser usado sempre na terceira pessoa do singular ou do plural:

Ci vuole un'ora per arrivare all'aereoporto in taxi.
Leva-se uma hora para chegar ao aeroporto de táxi.

Ci vogliono due settimane per fare arrivare il pacco in Australia.
São necessárias duas semanas para o pacote chegar à Austrália.

Volerci pode ser usado para se referir a distância ou tempo. Por exemplo:

Ci vogliono mille metri per fare un chilometro.
São necessários mil metros para completar um quilômetro.

Ci vogliono sessanta minuti per fare un'ora.
São necessários sessenta minutos para completar uma hora.

---

4. **AGGETTIVO INDEFINITO OGNI / ADJETIVO INDEFINIDO OGNI**

O adjetivo indefinido **ogni** significa *a cada*, *cada* ou *todos*, dependendo do contexto.
É sempre seguido de um substantivo singular, a menos que o substantivo seja precedido por um numeral.

ogni giorno – todos os dias, a cada dia

mas:

ogni due giorni – a cada dois dias
ogni cinque minuti – a cada cinco minutos

Vai spesso al cinema?
Sì, ci vado ogni settimana/ogni due settimane.
Você vai ao cinema com frequência?
Sim, vou todas as semanas/a cada duas semanas.

---

5. **PIACERE E MANCARE / GOSTAR E SENTIR FALTA**

Preste atenção à expressão abaixo:
Ti piace scrivere!
O verbo **piacere** é impessoal e sempre precisa de um pronome oblíquo com função de objeto indireto. A sua construção é semelhante à do verbo *agradar,* em português. Assim, o sujeito da frase é o substantivo ou verbo que agrada à pessoa, mesmo vindo geralmente depois do verbo **piacere**:

Ti piace scrivere?	ou	**A te** piace scrivere?
Sì, **mi** piace molto.	ou	Sì, **a me** piace molto.
Le piace il tè. (literalmente: Lhe agrada o chá.)	ou	**A lei** piace il tè.

As crianças gostam de doces.
Ai bambini piacciono i dolci. – **A loro** piacciono i dolci. – **Gli** piacciono i dolci.

O verbo mancare (*fazer falta*) também segue o mesmo padrão:

Mi manchi molto.
Você me faz muita falta./ Sinto muito a sua falta.

Mi mancate tutti molto.
Vocês todos me fazem muita falta.

Tu manchi a me. – Mi manchi.
Voi mancate a me. – Mi mancate.

VOCABOLARIO / VOCABULÁRIO

leggere: ler
leggibile/illeggibile: legível/ilegível
compilare: preencher (um formulário)
pesare: pesar
costare: custar
guardare: olhar
chiedere/domandare: pedir/perguntar
rispondere: responder
sperare: esperar (no sentido de ter esperança)
piacere: gostar/agradar
metterci: levar, ser necessário (tempo)
volerci: ser necessário (tempo, quantidade)
salire: subir
scendere: descer
ufficio postale/la posta: correio
francobollo: selo
modulo: formulário
compilare un modulo: preencher um formulário
via aerea: via aérea
espresso: correspondência expressa, prioritária
raccomandata: correspondência registrada
vacanza studio: curso de férias
fare domanda: requerer, pedir, solicitar
contenuto: conteúdo
valore: valor
lettera: carta, letra
riga: linha
notizia: notícia
informazione: informação
impiegato: atendente, funcionário/funcionária, empregado/empregada
giovane: jovem
anno: ano
mondo: mundo
grammo: grama (medida de peso)
chilo: quilo

approssimativo: aproximado
approssimativamente: aproximadamente
incluso: incluindo, inclusive
escluso: excluindo
mittente: remetente
destinatario: destinatário
spiccioli: trocados
monete: moedas
in tutto: no total

ESERCIZI / EXERCÍCIOS

Nas frases abaixo, substitua os pronomes tônicos ou **a** + *substantivo* por **mi**, **ti**, **gli**, **le**, **ci** ou **vi**. As palavras a serem substituídas estão em itálico:

Ex.:
Anna manda *alla sua amica* una cartolina. – **Le** manda una cartolina.
Non mandano *a noi* un'e-mail. – Non **ci** mandano un'e-mail.

1. Diamo *a voi* questa notizia. – _____
2. Giulio telefona *ad Anna*. – _____
3. Anna telefona *a Giulio*. – _____
4. Non diamo *a loro* nessuna informazione.
   – _____
5. Telefoniamo *ai nostri genitori* ogni settimana.
   – _____
6. Scriviamo *a te e a Giorgio* ogni mese.
   – _____
7. Mandiamo *ai nostri clienti* un'e-mail ogni due settimane.
   – _____
8. Paulo manda *a me e a suo fratello* un'e-mail.
   – _____
9. Porto questo libro *a Lei*, professore.
   – _____
10. Anna regala *a Giorgio* un orologio.
    – _____
11. Il professore risponde *agli studenti*.
    – _____

Lição 9

12. Voglio dare un regalo *a Lei*, signorina.
    – _____

13. Chiedo l'informazione *a lei*. – _____

14. Paulo manda *a suo fratello* un pacco.
    – _____

15. Non scrivo mai *a mia sorella*. – _____

Exercício B

Responda às perguntas completando os espaços em branco com os pronomes oblíquos apropriados: **mi**, **ti**, **gli**, **le**, **ci** ou **vi**. Complete também os verbos e acrescente **ogni** onde necessário:

1. Date a me queste informazioni? Sì, _____ di _____ le informazioni.

2. Telefoni a Giorgio? Sì, _____ telefon _____.

3. Spediscono a voi dei libri? Sì, _____ spedi _____ dei libri.

4. Regala un libro al suo studente? Sì, _____ regalo un libro.

5. Mandi spesso un'e-mail a Anna? Sì, _____ mand _____ un'e-mail _____ settimana.

6. Scrivete a noi queste informazioni? No, non _____ scrivi _____ nessuna informazione.

7. Cosa regali a Anna? _____ regalo dei fiori.

8. Cosa spedisci a tuo fratello? _____ spedi _____ un pacco.

9. Parli a lei di questo problema? No, non _____ parl _____ mai di niente.

10. Racconti tutto alle tue amiche? No, non _____ racconto mai niente.

11. Telefona spesso a te, Giulio? Sì, _____ telefona _____ due giorni.

12. Mandi spesso dei pacchi ai tuoi fratelli? Sì, _____ mand _____ un pacco _____ due mesi.

13. Scrivi spesso a Giulio? Sì, _____ scriv _____ settimana.

14. Telefonate spesso ai vostri genitori? Sì, _____ telefoni _____ mese.

Agora responda a estas perguntas sobre o diálogo no início da lição:

1. Perchè Paul è tornato in Italia? _____
2. Quanti anni ha Paul? _____
3. Cosa compra Paulo all'ufficio postale?
   _____
4. Dove deve mandare il pacco Paul?
   _____
5. Quanto ci mette il pacco ad arrivare per via aerea?
   _____
6. Quanto pesa il pacco? _____
7. Cosa deve scrivere sul modulo Paul?
   _____
8. Quanto paga Paul in tutto? _____

Visite <http://www.berlitzpublishing.com> para atividades extras na internet – vá à seção de downloads e conecte-se com o mundo em italiano!

Lição

10

CHE TEMPO FA?
COMO ESTÁ O TEMPO?

Il professor Valli e Paul si incontrano a Milano, dove Paul frequenta un corso di affari e finanza all'Università Bocconi.
O professor Valli e Paul se encontram em Milão, onde Paul está fazendo um curso de negócios e finanças na Universidade de Bocconi.

Il prof. Valli **Come ti trovi a Milano, Paul?**
Como vai em Milão, Paul?

Paul **Mi trovo molto bene. Il corso è interessante e mi diverto anche molto.**
Vou muito bem. O curso é interessante, e me divirto muito também.

Il prof. Valli **Mi fa piacere. E cosa fai nel tempo libero?**
Fico contente! E o que você faz no tempo livre?

Paul **Visito mostre e fiere campionarie. C'è sempre qualcosa di nuovo da vedere. Mi piace anche passeggiare in centro: è pieno di bei negozi eleganti. Ma com'è il tempo a Milano?**

Lição 10

	Visito mostras e feiras de negócios. Há sempre algo novo para ver. Também gosto de passear no centro: é cheio de belas lojas elegantes. Mas como é o tempo em Milão?
Il prof. Valli	Di sicuro non è sempre così bello. Oggi è un'eccezione, con il sole e il cielo azzurro; di solito c'è molta nebbia. Certamente não é sempre tão bom assim. Hoje é uma exceção, com o sol e o céu azul; geralmente há muita neblina.
Paul	È vero, ma non è un problema. Mi metto l'impermeabile e una sciarpa attorno al collo e vado in giro lo stesso. É verdade, mas não é um problema. Coloco uma capa de chuva e um cachecol em volta do pescoço e dou uma volta da mesma forma.
Il prof. Valli	Dove vai i fine settimana? Aonde você vai nos fins de semana?
Paul	Qualche volta prendo il treno e vado a Venezia o in montagna a sciare. Da qui è facile raggiungere bei posti di montagna per fare degli sport invernali. E poi i treni sono così comodi ed economici! Às vezes, pego o trem e vou a Veneza, ou vou às montanhas para esquiar. Daqui é fácil chegar a bons locais nas montanhas para fazer esportes de inverno. Além disso, os trens são muito confortáveis e baratos!
Il prof. Valli	Io invece preferisco il mare. Domenica prossima, se il tempo è bello, voglio andare a Genova a godermi il bel sole e il bel mare della Riviera. Já eu prefiro o mar. No próximo domingo, se o tempo estiver bom, quero ir a Gênova para aproveitar o lindo sol e o lindo mar da Riviera.
Paul	Fa bene professore. Si diverta e buona domenica! Faz bem, professor. Divirta-se e tenha um bom domingo!

DOMANDE E RISPOSTE / PERGUNTAS E RESPOSTAS

Che tempo fa a Milano?
Como é o tempo em Milão?

Qualche volta è bello, ma spesso c'è nebbia.
Às vezes é bom, mas geralmente há neblina.

Come ti trovi qui? (informal)
Como vão as coisas por aqui?

Mi trovo bene.
Vão Bem.

Lição 10

Ti piace il corso? (informal)
Você gosta do curso?

Si, mi piace. È molto interessante.
Sim, eu gosto. É muito interessante.

Cosa fai nel tempo libero? (informal)
O que você faz no tempo livre?

Visito le fiere campionarie e faccio quattro passi in centro.
Visito feiras de negócios e dou umas voltas no centro.

Come sono i negozi a Milano?
Como são as lojas em Milão?

Sono belli ed eleganti.
São bonitas e elegantes.

Cosa fai quando fa freddo? (informal)
O que você faz quando faz frio?

Mi metto la sciarpa attorno al collo.
Coloco o cachecol em volta do pescoço.

Cosa fai quando piove? (informal)
O que você faz quando chove?

Mi metto l'impermeabile e prendo l'ombrello.
Visto a capa de chuva e pego o guarda-chuva.

Cosa fai i fine settimana?
O que você faz nos fins de semana?

Se c'è bel tempo e molta neve, vado in montagna a sciare.
Se o tempo estiver bom e houver muita neve, vou às montanhas para esquiar.

Come vai in montagna? (informal)
Como você vai às montanhas?

Vado in treno. È più economico.
Vou de trem. É mais econômico.

Lei, professor Valli, cosa fa la domenica?
E o senhor, professor Valli, o que faz aos domingos?

Io vado al mare in Riviera.
Vou à praia na Riviera.

PAROLE DA RICORDARE / PALAVRAS QUE VOCÊ DEVE LEMBRAR

Estou bem aqui./ Gosto daqui.	Mi trovo bene qui.
Fico contente.	Mi fa piacere.
No meu tempo livre.	Nel mio tempo libero.
Vou às montanhas.	Vado in montagna.
Vou esquiar.	Vado a sciare.
O céu é/está azul.	Il cielo è azzurro.

Faz sol e calor.	C'è il sole e fa caldo.
Está nublado e frio.	È nuvoloso e fa freddo.
Está chovendo.	Piove.
Vai chover.	Sta per piovere.
O clima é sempre bom.	Il tempo è sempre bello.
Está com neblina.	C'è nebbia.
Não é um problema.	Non è un problema.
Como está o tempo?	Che tempo fa?
Como são as lojas?	Come sono i negozi?

GRAMMATICA / GRAMÁTICA

1. I PRONOMI DOPPI / OS PRONOMES DUPLOS

Quando dois pronomes oblíquos são colocados na frente de um verbo, o que tem função de objeto indireto precede aquele com função de objeto direto. Nesses casos, mi, ti, ci e vi mudam para me, te, ce e ve quando acompanhados de lo, la, li, le e ne. Essa combinação é chamada de *pronomes duplos*.

lo spedisco **a te** un libro	**ti** spedisco un libro	**te lo** spedisco.
Tu spedisci **a me** le fotografie	**mi** spedisci le fotografie	**me le** spedisci
Anna manda **a voi** una cartolina	**vi** manda la cartolina	**ve la** manda
Tu e Paul spedite **a noi** i pacchi	**ci** spedite i pacchi	**ce li** spedite

Os pronomes oblíquos indiretos gli e le mudam para glielo, gliela, glieli, gliele e gliene quando seguidos de lo, la, li, le ou ne.

Porto **a lui** questi regali	**gli** porto questi regali	**glieli** porto
Portate **a lei** dei fiori	**le** portate dei fiori	**glieli** portate

Lição 10

Mandi **a lui** delle cartoline	**gli** mandi delle cartoline	**gliele** mandi
Regali **a lei** una rosa	**le** regali una rosa	**gliela** regali
Regali **a loro** un libro	**gli** regali un libro	**glielo** regali
Quante rose regali a Anna?	**gliene** regalo una (uma delas = uma das rosas)	
Quanti libri regali a loro?	**gliene** regalo due (dois deles = dois dos livros)	

2. IL PRONOME NE / O PRONOME NE

O pronome italiano **ne** deve ser usado em expressões que denotam número e quantidade. O seu significado é *algum/alguns, cerca de, disso, desses,* conforme o contexto. Nós vimos **ne** na Lição 5, na frase abaixo:

Queste e-mail sono pronte, ma devo ancora scriverne 50.
Estes e-mails estão prontos, mas ainda tenho que escrever 50 (deles).

Eis mais alguns exemplos:

Quanti ne vuole? Ne voglio otto.
Quantos (*destes/destas*) você quer? Quero oito (*destes/destas*).

Hai del tempo? Sì, ne ho.
Você tem um pouco de tempo? Sim, tenho (um pouco *de* tempo).

Hai molti amici a Boston? Sì, ne ho molti.
Você tem muitos amigos em Boston? Sim, tenho muitos (*deles*).

Hai dei libri? Sì, ne ho.
Você tem alguns livros? Sim, tenho (alguns *deles*).

Hai figli? Sì, ne ho tre.
Você tem filhos? Sim, tenho três (*deles*).

Vuoi del caffè? Sì, ne prendo una tazza.
Você quer um pouco de café? Sim, aceito uma xícara (*de* café).

Parlano di lui? Sì, ne parlano spesso.
Estão falando dele? Sim, falam *dele* frequentemente.

Aqui estão alguns exemplos de **ne** com pronomes oblíquos com função de objeto indireto. Esses pronomes duplos se tornam **me ne**, **te ne**, **gliene**, **ce ne** e **ve ne**.

Compri delle rose e *me ne* regali una.
Você compra algumas rosas e me dá uma (*delas*) de presente.

Compro dei libri e *te ne* regalo alcuni.
Compro alguns livros e lhe dou alguns (*deles*) de presente.

Lição 10

Scrivo *a lui* due lettere al mese. – ***Gli* scrivo due *lettere* al mese.**
– ***Gliene* scrivo due al mese.**
Escrevo-lhe duas (*delas*) por mês.
Escrevo a ele duas cartas por mês. – Escrevo duas cartas por mês.

Compriamo dei CD nuovi e *ve ne* diamo alcuni.
Compramos alguns CDs novos e damos alguns (*deles*) a vocês.

Paulo porta una torta e *ce ne* dà una fetta.
Paulo traz uma torta e nos dá uma fatia (*dela*).

Compri molti fiori *ad Anna*?
Sì, *le* compro molti *fiori*. – *Gliene* compro molti.
Você compra muitas flores para Anna? Sim, compro-lhe muitas flores.
– Compro-lhe muitas (*delas*).

Mandi molti pacchi *a tuo fratello*?
Sì, *gli* mando molti *pacchi*. – *Gliene* mando molti.
Você manda muitos pacotes ao seu irmão? Sim, mando-lhe muitos pacotes. – Mando-lhe muitos (*deles*).

Os pronomes oblíquos e o pronome **ne** podem ligar-se a verbos no infinitivo. Nós já vimos a expressão **Mi fa piacere conoscerti** na Lição 2. Eis mais alguns exemplos:

pagar-e	**paga*rlo*** (pagá-lo)
veder-e	**vede*rla*** (vê-la)
parlar-e	**parla*rne*** (falar disso)
parlar-e	**parla*rgli*** (objeto indireto: falar-lhe [com ele])
	parla*rle* (objeto indireto: falar-lhe [com ela])

Aqui estão alguns exemplos com os verbos **potere**, **volere** e **dovere** seguidos do infinitivo + pronomes oblíquos com função de objeto direto:

Voglio comprare **un libro**. – **Lo** voglio comprare. – Voglio **comprarlo**.

Non posso fumare **una sigaretta**. – Non **la** posso fumare.
– Non posso **fumarla**.

Devo fare **gli esercizi**. – **Li** devo fare. – Devo **farli**.

Devo incontrare **le mie amiche**. – **Le** devo incontrare.
– Devo **incontrarle**.

Voglio parlare **a lui** di questo. – **Gli** voglio parlare di questo.
– Voglio **parlargliene**.

Lição 10

VOCABOLARIO / **VOCABULÁRIO**

mettersi/indossare: colocar, pôr, vestir
incontrarsi: encontrar-se, ver-se
trovarsi bene/male: sentir-se bem/mal (p. ex., em algum lugar), estar gostando ou não (p. ex., de algum lugar) (expressão idiomática)
raggiungere: alcançar, chegar a
passeggiare: passear
fare quattro passi/due passi: dar uma volta, fazer um passeio
sciare: esquiar
andare a sciare: ir esquiar
andare in ferie: sair de férias
nevicare: nevar
piovere: chover
visitare: visitar
regalare: presentear, dar de presente
ascoltare la musica: escutar música
restituire: devolver
località di villeggiatura: região de veraneio/de férias
località balneare: região de turismo litorâneo
località montana: região de turismo nas montanhas
sport invernali: esportes de inverno
pioggia: chuva
neve: neve
nebbia: neblina
sole: sol
cielo: céu
vento: vento
fa caldo/freddo: faz calor/frio, está quente/frio
C'è bel tempo/brutto tempo.: O tempo está bom/ruim.
C'è vento.: Está ventando.
scuro, più scuro: escuro, mais escuro
chiaro, più chiaro: claro, mais claro
delicato/delicata: delicado/delicada
impermeabile: capa de chuva, impermeável
cappotto: casaco, sobretudo
ombrello: guarda-chuva
sciarpa: cachecol, echarpe
pullover: pulôver, suéter
calze: meias-calças, meias
cravatta: gravata
tessuto: tecido
collo: pescoço
negozio: loja
fotografia: fotografia
rivista: revista
affari: negócios

finanza: finanças
tempo libero: tempo livre
mostra: mostra, exibição
fiera campionaria: feira de negócios
eccezione: exceção
elegante: elegante
nuovo, vecchio: novo, velho
pieno, vuoto: cheio, vazio
facile/difficile: fácil/difícil
economico: econômico, barato
a buon mercato: barato
caro, costoso: caro
bene/male: bem/mal
da qui: daqui
così: tão, tanto, assim
di solito: geralmente, frequentemente
di sicuro: certamente, sem dúvida
qualcosa: alguma coisa, algo
stagione: estação (do ano)

Assim como os dias da semana, os meses do ano se escrevem com letras minúsculas. São eles:

gennaio	janeiro
febbraio	fevereiro
marzo	março
aprile	abril
maggio	maio
giugno	junho
luglio	julho
agosto	agosto
settembre	setembro
ottobre	outubro
novembre	novembro
dicembre	dezembro

Lição 10

Aqui estão as quatro estações do ano:

inverno	inverno
primavera	primavera
estate	verão
autunno	outono

In estate fa caldo.: No verão faz calor.
In inverno fa freddo.: No inverno faz frio.

Agora, vamos aprender algumas cores em italiano:

colori	cores
grigio♂	cinza
azzurro	azul-claro/azul-celeste
blu	azul-escuro/azul-marinho
beige	bege
marrone	marrom
verde	verde
giallo	amarelo
viola	roxo
rosso	vermelho
bianco	branco
nero	preto
arancione	laranja
rosa	rosa

ESERCIZI / **EXERCÍCIOS**

Reescreva as frases abaixo duas vezes, primeiro trocando os substantivos (em itálico) por pronomes oblíquos indiretos e depois por pronomes duplos. Use os exemplos a seguir como modelo:

Ex.:
**Scrivo *la risposta alla tua lettera*. – Ti scrivo *la risposta*. – Te la scrivo.
Marco vuole fare *un regalo a sua moglie*. – Le vuole fare *un regalo*. – Glielo vuole fare. – Vuole far*glielo*.**

1. Mando *un pacco a mio fratello*. – _____ mando *un pacco*. – _____.

2. Dai *la buona notizia al tuo amico*. – _____ dai *la buona notizia*. – _____.

3. Voglio parlare *a lui di questo problema*. – _____ voglio parlare *di questo problema*. – _____.

4. Posso comprare *a voi dei libri*. – _____ posso comprare *dei libri*. – _____.

5. Scrive *il programma ai suoi clienti*. – _____ scrive *il programma*. – _____.

6. Prenoto la stanza *al mio direttore*. – _____ prenoto *la stanza*. – _____.

7. Compro *a voi dei biglietti per il teatro*. – _____ compro *i biglietti*. – _____.

8. Mandate *a noi delle cartoline*. – _____ mandate *delle cartoline*. – _____.

9. Compriamo *ai ragazzi delle riviste*. – _____ compriamo *delle riviste*. – _____.

10. Devo prenotare *a voi la stanza in albergo*. – _____ devo prenotare *la stanza in albergo*. – _____.

11. Devo restituire *la chiave al portiere*. – _____ devo restituire *la chiave*. – _____.

12. Date *a noi la notizia*. – _____ date *la notizia*. – _____.

13. Devo portare *il modulo alla segretaria*. – _____ devo portare *il modulo*. – _____.

14. Paghiamo *il conto al cameriere.* – _____
    paghiamo *il conto.* – _____.

15. Posso regalare *ad Anna dei fiori.* – _____ posso
    regalare *dei fiori.* – _____.

16. Posso comprare *agli studenti dei libri.* – _____
    posso comprare *dei libri.* – _____.

17. Scrivono *delle lettere ai loro clienti.* – _____
    scrivono *delle lettere.* – _____.

18. Potete chiedere *l'ora alla signora.* – _____ potete
    chiedere *l'ora.* – _____.

19. Spediamo *a voi dei pacchi.* – _____ spediamo *dei
    pacchi.* – _____.

20. Volete portare *dei regali alla ragazza.* – _____
    volete portare *dei regali.* – _____.

Exercício B

Responda às seguintes perguntas (respostas pessoais):

1. Che giorno è oggi?
   _____

2. Com'è il tempo oggi?
   _____

3. Quale colore preferisci?
   _____

4. Di che colore sono i tuoi vestiti?
   _____

5. Quale mese e stagione preferisci?
   _____

6. Cosa fai nel tempo libero?
   _____

7. Cosa fai i fine settimana?
   _____

8. Cosa fai quando il tempo è bello?
   _____

9. Cosa fai quando fa freddo?
   _____

10. Dove ti piace andare?
    _____

Visite <http://www.berlitzpublishing.com> para atividades extras na internet – vá à seção de downloads e conecte-se com o mundo em italiano!

Lição 11

DI CHE COSA ABBIAMO BISOGNO?
DO QUE PRECISAMOS?

È una calda giornata d'estate. Giulio è andato a trovare Anna. Insieme decidono di passare la giornata al mare con alcuni amici. Anna è in cucina e sta preparando dei panini.
É um dia quente de verão. Giulio foi se encontrar com Anna. Juntos, decidem passar o dia na praia com alguns amigos. Anna está na cozinha e está preparando alguns sanduíches.

Giulio **Anna, hai telefonato ai tuoi amici? Chi viene con noi?**
Anna, você ligou para os seus amigos? Quem vem conosco?

Anna **Ho telefonato ieri sera ai Rossi, ma non possono venire. Vengono invece Giovanni e Luciana, e portano anche il fratello di Luciana, Luigi. Saremo in cinque.**
Liguei ontem à noite para os Rossi, mas eles não podem vir. Mas vêm Giovanni e Luciana, e trazem também o irmão de Luciana, Luigi. Seremos cinco.

Lição 11

Giulio   Bene. Di che cosa abbiamo bisogno allora per la colazione al sacco?
Muito bem. Do que precisamos então para o piquenique?

Anna   Loro portano il dolce. Io ho comprato dell'insalata e adesso sto preparando dei panini. Ma mi serve ancora del pane e del formaggio, e anche un po' di prosciutto crudo per i panini. Luigi è un ragazzino e ha sempre una fame da lupo!
Eles trazem a sobremesa. Eu comprei um pouco de salada e agora estou preparando uns sanduíches. Mas ainda preciso de pão e de queijo, e também de um pouco de presunto cru para os sanduíches. Luigi é um rapazinho e tem sempre uma fome de lobo.

Giulio   Vado a comprarli io. C'è una salumeria o un supermercato qui vicino?
Eu vou comprá-los. Há uma mercearia ou supermercado aqui perto?

Anna   Sì, guarda. La salumeria è all'angolo e accanto c'è un panificio. Puoi comprare anche qualcosa da bere? Del vino e del succo d'arancia. Il supermercato è di fronte alla salumeria.
Sim, olha, a mercearia é na esquina, e ao lado há uma padaria. Você pode comprar também alguma coisa para beber? Um pouco de vinho e de suco de laranja. O supermercado é de frente para a mercearia.

Giulio   Vado. Tu intanto puoi mettere tutto dentro il cestino. Così possiamo andare appena ritorno.
Eu vou. Enquanto isso, você pode colocar tudo dentro da cesta. Dessa forma, podemos ir assim que eu voltar.

In salumeria
Na mercearia

Giulio   Mi dà tre etti di prosciutto crudo, tagliato sottile, e tre etti di formaggio, per piacere?
Dê-me trezentos gramas de presunto cru, fatiado fino, e trezentos gramas de queijo, por favor?

Il salumiere   Certo. Che formaggio desidera?
Claro. Qual queijo o senhor deseja?

Giulio   Cosa c'è?
Qual tem?

Il salumiere	**Tutto quello che vuole. Formaggio dolce, gorgonzola, fontina, emmenthal svizzero, mozzarella, stracchino, parmigiano…**
	Tudo o que quiser. Queijo suave, gorgonzola, fontina, emmental suíço, mussarela, stracchino, parmesão…
Giulio	**Mi dà due etti di fontina e due di emmenthal, e anche una mozzarella, grazie.**
	Dê-me duzentos gramas de fontina e duzentos de emmental, e também uma mussarela, obrigado.
Il salumiere	**Basta così?**
	Só isso?
Giulio	**Sì grazie, basta così.**
	Sim, obrigado, só isso.

DOMANDE E RISPOSTE / PERGUNTAS E RESPOSTAS

Dov'è Giulio?
Onde está Giulio?

È a casa di Anna.
Está na casa de Anna.

Dove decidono di passare la giornata Anna e Giulio?
Onde Anna e Giulio decidiram passar o dia?

Al mare.
Na praia.

Cosa sta facendo Anna?
O que Anna está fazendo?

Sta preparando dei panini.
Está preparando uns sanduíches.

A chi ha telefonato Anna?
Para quem Anna ligou?

Ai suoi amici.
Para os seus amigos.

Vengono i Rossi?
Os Rossi vêm?

No, non possono venire.
Não, não podem vir.

Chi viene allora?
Quem vem então?

Vengono Giovanni e Luciana e il fratello di Luciana, Luigi.
Vêm Giovanni, Luciana e o irmão de Luciana, Luigi.

In quanti saranno?
Quantos serão?

Saranno in cinque.
Serão cinco.

Cosa ha comprato Anna?
O que Anna comprou?

Ha comprato dell'insalata.
Comprou um pouco de salada.

Lição 11

Cosa serve ad Anna?
Do que Anna precisa?

Le serve ancora del pane, del formaggio e anche del prosciutto crudo.
Ela ainda precisa de pão, de queijo e também de presunto cru.

Cosa gli serve da bere?
Do que eles precisam para beber?

Del vino e del succo d'arancia.
De um pouco de vinho e de suco de laranja.

Chi va a comprarli?
Quem vai comprá-los?

Ci va Giulio.
Giulio vai.

Quando andranno?
Quando eles vão partir?

Appena Giulio ritorna.
Assim que Giulio voltar.

Hai fame? (informal)
Você está com fome?

Sì, ho una fame da lupo!
Sim, estou com uma fome de leão! (*literalmente*: fome de lobo)

Ha bisogno di qualcosa? (formal)
Você precisa de alguma coisa?

Sì, grazie. Vorrei del pane e del formaggio.
Sim, obrigado. Gostaria de um pouco de pão e um pouco de queijo.

Quanti etti di prosciutto compra Giulio?
Quantos gramas de presunto Giulio compra? (Literalmente, *etto* significa 100 gramas.)

Ne compra tre etti.
Compra trezentos gramas (de presunto).

Quanti etti di formaggio compra?
Quantos gramas de queijo ele compra?

Ne compra quattro etti in tutto.
Compra quatrocentos gramas (de queijo) no total.

Dov'è la salumeria?
Onde fica a mercearia?

È all'angolo.
Fica na esquina.

Dov'è il panificio?
Onde fica a padaria?

È accanto alla salumeria.
Fica ao lado da mercearia.

Dov'è il supermercato?
Onde fica o supermercado?

È di fronte alla salumeria.
Fica de frente para a mercearia.

Cosa c'è?
O que há?

Tutto quello che vuole. (formal)
Tudo o que o senhor/a senhora quiser.

Serve altro?
Precisa de mais alguma coisa?

Basta così, grazie.
Isso é tudo, obrigado.

Dove compri il formaggio e il prosciutto? (informal)
Onde você compra queijo e presunto?

In salumeria.
Na mercearia.

Dove compri il pane? (informal)
Onde você compra pão?

Al panificio.
Na padaria.

Dove compri il giornale? (informal)
Onde você compra jornal?

In edicola.
Na banca de jornal.

Dove compri la carne e i polli?
Onde você compra carne e frango?

In macelleria.
No açougue.

Dove compri le cartoline e i francobolli?
Onde você compra cartões-postais e selos?

Dal tabaccaio.
Na tabacaria.

PAROLE DA RICORDARE / PALAVRAS QUE VOCÊ DEVE LEMBRAR

Do que precisamos?	**Cosa ci serve?/ Di che cosa abbiamo bisogno?**
O que tem para comer?	**Cosa c'è da mangiare?**
O que tem para beber?	**Cosa c'è da bere?**
Estou com fome.	**Ho fame.**
Estou com sede.	**Ho sete.**
um dia quente de verão	**una calda giornata estiva**
Queremos passar o dia na praia.	**Vogliamo passare la giornata al mare.**
Estou preparando uns sanduíches.	**Sto preparando dei panini.**
Quem vem conosco?	**Chi viene con noi?**
Não podem vir.	**Non possono venire.**
Ele leva também o seu irmão.	**Porta anche suo fratello.**
Preciso de um pouco mais de pão.	**Mi serve ancora del pane.**
Precisamos de queijo e de presunto.	**Ci servono dei formaggi e del prosciutto.**
Tudo o que quiser.	**Tutto quello che vuole.** (formal)
Só isso mesmo, obrigado!	**Basta così, grazie!**

GRAMMATICA / GRAMÁTICA

1. IL PRESENTE PROGRESSIVO / O PRESENTE CONTÍNUO

Você percebeu esta expressão no início do diálogo?

Anna *sta preparando* dei panini.
Anna está preparando uns sanduíches.

Assim como em português, em italiano, quando se quer indicar que uma ação acontece concomitantemente ao momento da fala, usa-se o verbo *stare* (estar) no presente do indicativo seguido por um verbo no gerúndio. Compare:

***Gioco* a tennis tutti i lunedì.**
Sto giocando tennis adesso.

Repare que, diferentemente do presente do indicativo, as expressões com gerúndio não indicam um presente abstrato, que indica coisas constantes, habituais, atemporais.
O verbo *stare* é irregular, e conjuga-se da seguinte maneira:

Sto
Stai
Sta
Stiamo
State
Stanno

O gerúndio é formado com o acréscimo de **-ando** à raiz dos verbos que terminam em **-are**, e **-endo** à dos verbos que terminam em **-ere** e **-ire**.

No geral, o verbo **stare** + gerúndio é usado para dar mais ênfase à ação que está acontecendo no presente, mas nunca é usado para o futuro.

stare	
sto preparando	estou preparando
stai giocando	você está jogando
sta parlando	está falando
stiamo uscendo	estamos saindo
state partendo	vocês estão partindo
stanno lavorando	eles estão trabalhando

2. IL FUTURO / O FUTURO

Você prestou atenção às expressões abaixo?
Il pacco **ci metterà** almeno due settimane per arrivare in Australia.
Saremo in cinque.
Partiremo appena ritorno.

Os verbos, **ci metterà**, **saremo** e **partiremo** estão todos no futuro.

Em italiano, o futuro pode ser expresso com o presente do indicativo:

Questa sera andiamo a fare una passeggiata.
Esta noite vamos dar um passeio.
Domenica prossima partiamo per il mare.
No próximo domingo iremos à praia.

Em geral, o futuro é usado nas seguintes situações:

1. para inidicar um futuro em relação ao presente em que se fala:

Non andiamo oggi al mare, ci andremo domenica prossima.
Não vamos à praia hoje; iremos no próximo domingo.

2. para exprimir uma incerteza, possibilidade ou suposição no presente ou futuro próximo:

Vengono anche loro, così saremo in cinque.
Eles também vêm, então, seremos cinco.

Dov'è Anna? Sarà a teatro.
Onde está Anna? Deve estar no teatro.

Questa macchina sarà anche un po' vecchia, ma funziona bene.
Este carro pode ser um pouco velho, mas funciona bem.

O futuro dos verbos **essere** e **avere** é irregular:

essere	avere
sarò	avrò
sarai	avrai
sarà	avrà
saremo	avremo
sarete	avrete
saranno	avranno

3. IL FUTURO DEI VERBI REGOLARI / O FUTURO DOS VERBOS REGULARES

Para verbos como **prendere** e **finire**, o futuro é formado a partir do infinitivo, substituindo a letra **-e** final pelas terminações **-ò**, **-ai**, **-à**, **-emo**, **-ete** e **-anno**.

Para os verbos que terminam em **-are**, como **mandare** e **parlare**, o **a** do infinitivo muda para **e**. Assim, as terminações do futuro, **-ò**, **-ai**, **-à**, **-emo**, **-ete** e **-anno**, são acrescentadas às raízes **mander-** e **parler-**.

mandare	prendere	finire
manderò	prenderò	finirò
manderai	prenderai	finirai
manderà	prenderà	finirà
manderemo	prenderemo	finiremo
manderete	prenderete	finirete
manderanno	prenderanno	finiranno

Manderò un pacco a mio fratello.
Prenderò l'autobus.
Finirò questo lavoro domani.

Manderai un pacco a tuo fratello.
Prenderai l'autobus.
Finirai questo lavoro.

Manderà un pacco a suo fratello.
Prenderà l'autobus.
Finirà questo lavoro.

Manderemo un pacco ai nostri parenti.
Prenderemo l'autobus.
Finiremo questo lavoro domani.

Manderete un pacco.
Prenderete l'autobus.
Finirete questo lavoro.

Manderanno un pacco.
Prenderanno l'autobus.
Finiranno questo lavoro.

Lição 11

Aqui estão alguns outros verbos comuns que têm formas irregulares no futuro:

andare	**andrò**
dare	**darò**
dovere	**dovrò**
potere	**potrò**
volere	**vorrò**
rimanere	**rimarrò**
sapere	**saprò**
tenere	**terrò**
vedere	**vedrò**
venire	**verrò**
fare	**farò**

VOCABOLARIO / **VOCABULÁRIO**

passare/trascorrere: passar (tempo)
funzionare: funcionar
giocare: jogar, brincar
avere fame: ter fome, estar com fome
avere una fame da lupo: ter fome de lobo, estar com uma fome de leão
avere sete: ter sede, estar com sede
avere bisogno di: precisar de, necessitar de, ter necessidade de
bisogno: necessidade
stare: estar, ficar
angolo: esquina, ângulo
all'angolo/dietro l'angolo: na esquina, virando a esquina
giornale: jornal
colazione al sacco: piquenique
lista della spesa: lista de compras
salame: salame
sottaceti: picles, alimentos em conserva
burro: manteiga
riso: arroz
formaggio dolce: queijo suave
formaggio morbido: queijo macio
biscotti: biscoitos

Lição 11

uovo (pl. uova): ovo
pollo: frango
cestino: cesta
prosciutto crudo: presunto cru
succo d'arancia: suco de laranja
carne: carne
non grasso: com baixo teor de gordura
magro: magro
mezzo chilo: meio quilo
chilo: quilo
litro: litro
un etto: cem gramas
Ha bisogno di qualcosa? (formal): Você precisa de alguma coisa?
Non c'è bisogno.: Não precisa./ Não há necessidade.
panificio: padaria
fruttivendolo: fruteiro, quitandeiro (pessoa que vende)
tabaccaio: tabaqueiro
salumeria: mercearia
edicola: banca de jornal
tintoria: lavanderia, tinturaria
macelleria: açougue
frigorifero: refrigerador, geladeira
biblioteca: biblioteca
dogana: alfândega
festa: festa
dentro: dentro
accanto: ao lado de
di fronte a: em frente a, no lado oposto de
dietro: atrás
davanti a: na frente de

ESERCIZI / EXERCÍCIOS

Exercício A

Transforme os verbos no presente do indicativo para stare + gerúndio e troque os substantivos em itálico por pronomes ou ci (lá) quando apropriado:

Ex.:
Faccio *le valigie*. – **Le** sto facendo.
Andiamo *al supermercato*. – **Ci** stiamo andando.

1. Anna prepara *il pranzo*.
2. Cerchiamo *i nostri nomi* nella lista.

Lição 11

3. Metti *i vestiti* nella valigia.
4. La segretaria scrive *le lettere*.
5. Paulo legge *un libro*.
6. Noi prepariamo *la colazione*.
7. Anna e i suoi amici bevono *un caffè*.
8. Tu e Paulo mangiate *un panino*.
9. Mandiamo *delle e-mail* ai clienti.
10. Studio *la lezione*.
11. Telefono *ai miei amici*.
12. Scrivo *ad Anna*.
13. Mettono *la colazione* nel cestino.
14. Andate *in salumeria*.
15. Vado a *fare la spesa*.
16. Compri *una camicia*.
17. Prendi *il treno* per Milano.

Exercício B

Responda às perguntas usando o futuro e substituindo oggi (hoje) por domani (amanhã), questa settimana (esta semana) por la prossima settimana (a próxima semana) e questo fine settimana (este fim de semana) por il prossimo fine settimana (o próximo fim de semana). Substitua as palavras em itálico pelos pronomes com função de objeto apropriados ou ci (lá) quando necessário:

Ex.:
Partite *oggi*? No, partiremo **domani**.
Incontri *Paulo* questa settimana? No, **lo** incontrerò **la prossima settimana**.
Andate *al mare* questo fine settimana? No, **ci** andremo **il prossimo fine settimana**.

1. Vedi Anna questo fine settimana? No, _____.
2. Andate *a teatro* oggi? No, _____.
3. Sei *a casa* questo fine settimana? No, _____.
4. Spedisci *il pacco* oggi? No, _____.
5. Ritorni *a Milano* questa settimana? No, _____.
6. Sei *in vacanza* questa settimana? No, _____.

Lição 11

7. Incontrate *gli studenti* oggi? No, _____.
8. Avete *la lezione d'italiano* oggi? No, _____.
9. Giulio viene *a Milano* questo fine settimana? No, _____.
10. Siete *in vacanza* oggi? No, _____.
11. Fai una visita *a Carla* oggi? No, _____.
12. Andate *in montagna a sciare* questo fine settimana? No, _____.
13. Invitate *le ragazze* a pranzo questa settimana? No, _____.
14. Vai *al mare* questa settimana? No, _____.

Exercício C(1)

Anna lhe diz que precisa de algo porque não tem a quantidade suficiente. Pergunte de quanto ela precisa usando a expressão **avere bisogno di**. Depois dê a resposta de Anna. Use os exemplos como modelo.

Ex.:
Non c'è abbastanza formaggio. (200 gramas)
Di quanto formaggio hai bisogno?
Ho bisogno di due etti di formaggio.

Non ci sono abbastanza banane. (um quilo/meio quilo)
Di quante banane hai bisogno?
Ho bisogno di un chilo/mezzo chilo di banane.

1. Non c'è abbastanza latte. (um litro/meio litro)
2. Non c'è abbastanza prosciutto crudo. (200 gramas)
3. Non c'è abbastanza carne. (um quilo/meio quilo)
4. Non c'è abbastanza pane. (um quilo/meio quilo)
5. Non c'è abbastanza caffè. (200/500 gramas)
6. Non c'è abbastanza vino. (dois litros)
7. Non ci sono abbastanza mele. (um/dois quilos)
8. Non ci sono abbastanza spaghetti. (um/meio quilo)

Agora, repita as perguntas e respostas do Exercício C(1) usando o verbo **servire** e **ti** (a você) nas perguntas, e **me** (a mim) + **ne** nas respostas. Siga os exemplos. Observe que o verbo **servire** nessa expressão segue o mesmo padrão de **piacere**:
Mi piace il formaggio/Mi piacciono i formaggi. A Maria non piace il formaggio/non le piacciono i formaggi.

Exercício C(2)

Ex.:
Non c'è abbastanza formaggio.
Quanto formaggio ti serve?
Me ne servono due etti.

Non ci sono abbastanza banane.
Quante banane ti servono?
Me ne serve un chilo.

Visite <http://www.berlitzpublishing.com> para atividades extras na internet – vá à seção de downloads e conecte-se com o mundo em italiano!

Lição

12 | RIVEDIAMO LE LEZIONI DA 7 A 11
VAMOS REVISAR AS LIÇÕES DE 7 A 11

Diálogo 7   AL BAR

Domenica mattina a Roma. Sono le dieci: Anna e il suo amico Giulio sono seduti all'aperto, in un bar di Piazza di Spagna. Fanno colazione.

Il cameriere   Buongiorno. Desiderate qualcosa?

Giulio   Sì, grazie. Mi porta un cappuccino e un cornetto, per piacere?

Il cameriere   Certamente! E la signorina cosa prende?

Anna   Prendo un tè al limone e una fetta di torta. Che dolci avete?

Il cameriere   Abbiamo un'ottima torta di mele oppure delle paste con le fragole e la panna.

Anna   Preferisco la torta di mele. Me ne porta una fetta, per piacere?

Il cameriere	Nient'altro?
Giulio	Basta così, grazie. Anna, usciamo insieme questo pomeriggio?
Anna	Mi dispiace, ma ho molto da fare. Domani ho un appuntamento con dei clienti importanti e devo preparare il programma per il loro convegno.
Giulio	Che peccato! Volevo portarti un po' in giro per Roma. Ma possiamo vederci lo stesso sul tardi e cenare insieme. Che ne dici?
Anna	È un'ottima idea! Così mi rilasso un po' almeno la domenica!
Giulio	A che ora ci vediamo allora?
Anna	Vieni a prendermi a casa stasera alle 7. Sarò pronta.
Giulio	Bene! Oh, ecco il cameriere con le nostre ordinazioni. Il tè è per la signorina e il cappuccino per me, grazie. Mi porta anche il conto?
Il cameriere	Ecco il conto! Vuole pagare adesso?
Giulio	Sì, grazie. Quant'è?
Il cameriere	Sono otto euro e novanta.
Giulio	Ecco a Lei, dieci. Tenga pure il resto!

Diálogo 8 UNA PRENOTAZIONE

Marco Valli è a Firenze. Deve frequentare un corso per insegnanti di italiano e ha prenotato una camera all'Albergo Alba per una settimana. Appena arrivato, si rivolge alla portineria dell'albergo.

La portiera	Buongiorno, mi dica!
Marco Valli	Buongiorno. Ho una prenotazione a partire da oggi.
La portiera	A che nome, prego?
Marco Valli	Valli, Marco Valli.
La portiera	Attenda un attimo... mi faccia controllare... No, non trovo nessuna prenotazione a nome Valli.
Marco Valli	Com'è possibile? Ho mandato un'e-mail per prenotare la camera e voi mi avete confermato la prenotazione.
La portiera	Quando ha prenotato?

Lição 12

Marco Valli	Circa un mese fa.
La portiera	Ah sì, ecco ho trovato! Una prenotazione per una singola con bagno per una settimana.
Marco Valli	Meno male!
La portiera	Ecco, è la camera 207 al secondo piano. Questa è la sua chiave.
Marco Valli	Grazie. Dov'è l'ascensore?
La portiera	È a destra. Può lasciarmi anche un documento per piacere?
Marco Valli	Ecco il passaporto! Mi può dire a che ora è la colazione?
La portiera	La colazione è servita dalle 7 alle 9.30 nella sala da pranzo al primo piano.
Marco Valli	Posso avere la sveglia domani mattina?
La portiera	Certo. A che ora?
Marco Valli	Alle sette e mezzo.
La portiera (scrivendo)	Alle sette e mezzo, stanza 207.
Marco Valli	Perfetto! Grazie e arrivederci!
La portiera	Prego. ArrivederLa!

Diálogo 9 ALL'UFFICIO POSTALE

Due anni dopo, Paul, un giovane di diciannove anni ormai, è tornato in Italia per una vacanza studio.
È all'ufficio postale per spedire delle lettere ai suoi amici in tutte le parti del mondo.

Paul	Può darmi dei francobolli per queste lettere e per questa cartolina?
L'impiegata	Sono per l'Italia?
Paul	Una lettera è per gli Stati Uniti, l'altra è per l'Inghilterra e la cartolina è per l'Italia.
L'impiegata	Ti piace scrivere, eh? Vediamo un po'... Questi sono i francobolli per la lettera degli Stati Uniti e questi quelli per l'Europa, inclusa l'Italia.
Paul	Grazie. Dovrei spedire anche questo pacchetto. È per l'Australia. È possibile mandarlo via aerea? Quanto ci mette?

L'impiegata	Sì, certo, ma ci metterà almeno due settimane.
Paul	Va bene. Eccolo! Può pesarlo?
L'impiegata	Sì, pesa ottocento grammi. Ti costa sui dodici euro. E devi compilare anche questo modulo.
Paul	Grazie. Cosa devo scrivere qui?
L'impiegata	Scrivi il nome e l'indirizzo del mittente e del destinatario. Poi su questa riga il contenuto del pacco e il suo valore approssimativo.
Paul	Ecco fatto! Spero che sia leggibile!
L'impiegata	Vediamo. Sì, può andare.
Paul	Quant'è con i francobolli?
L'impiegata	Sono quindici euro e cinquanta in tutto. Se hai degli spiccioli è meglio, perchè non ho resto.
Paul	Sì, ce li ho. Eccoli!

Diálogo 10   CHE TEMPO FA?

Il professor Valli e Paul si incontrano a Milano, dove Paul frequenta un corso di affari e finanza all'Università Bocconi.

Il prof. Valli	Come ti trovi a Milano, Paul?
Paul	Mi trovo molto bene. Il corso è interessante e mi diverto anche molto.
Il prof. Valli	Mi fa piacere. E cosa fai nel tempo libero?
Paul	Visito mostre e fiere campionarie. C'è sempre qualche cosa di nuovo da vedere. Mi piace anche passeggiare in centro: è pieno di bei negozi eleganti. Ma com'è il tempo a Milano?
Il prof. Valli	Di sicuro non è sempre così bello. Oggi è un'eccezione, con il sole e il cielo azzurro; di solito c'è molta nebbia.
Paul	È vero, ma non è un problema. Mi metto l'impermeabile e una sciarpa attorno al collo e vado in giro lo stesso.
Il prof. Valli	Dove vai i fine settimana?
Paul	Qualche volta prendo il treno e vado a Venezia o in montagna a sciare. Da qui è facile raggiungere bei posti di montagna per fare degli sport invernali. E poi i treni sono così comodi ed economici!

Il prof. Valli   Io invece preferisco il mare. Domenica prossima, se il tempo è bello, voglio andare a Genova a godermi il bel sole e il bel mare della Riviera.

Paul   Fa bene professore. Si diverta e buona domenica!

Diálogo 11   DI CHE COSA ABBIAMO BISOGNO?

È una calda giornata d'estate. Giulio è andato a trovare Anna. Insieme decidono di passare la giornata al mare con alcuni amici. Anna è in cucina e sta preparando dei panini.

Giulio   Anna, hai telefonato ai tuoi amici? Chi viene con noi?

Anna   Ho telefonato ieri sera ai Rossi, ma non possono venire. Vengono invece Giovanni e Luciana, e portano anche il fratello di Luciana, Luigi. Saremo in cinque.

Giulio   Bene. Di che cosa abbiamo bisogno allora per la colazione al sacco?

Anna   Loro portano il dolce. Io ho comprato dell'insalata e adesso sto preparando dei panini. Ma mi serve ancora del pane e del formaggio, e anche un po' di prosciutto crudo per i panini. Luigi è un ragazzino e ha sempre una fame da lupo!

Giulio   Vado a comprarli io. C'è una salumeria o un supermercato qui vicino?

Anna   Sì, guarda. La salumeria è all'angolo e accanto c'è un panificio. Puoi comprare anche qualcosa da bere? Del vino e del succo d'arancia. Il supermercato è di fronte alla salumeria.

Giulio   Vado. Tu intanto puoi mettere tutto dentro il cestino. Così possiamo andare appena ritorno.

In salumeria

Giulio   Mi dà tre etti di prosciutto crudo, tagliato sottile, e tre etti di formaggio, per piacere?

Il salumiere   Certo. Che formaggio desidera?

Giulio   Cosa c'è?

Il salumiere   Tutto quello che vuole. Formaggio dolce, gorgonzola, fontina, emmenthal svizzero, mozzarella, stracchino, parmigiano…

Giulio   Mi dà due etti di fontina e due di emmenthal, e anche una mozzarella, grazie.

Lição 12

Il salumiere **Basta così?**

Giulio **Sì, grazie, basta così.**

Depois de ouvir os diálogos e revisar as seções de gramática, experimente fazer o teste de revisão a seguir.

TEST DI REVISIONE / TESTE DE REVISÃO

Complete as lacunas com os adjetivos e pronomes possessivos corretos:

Exercício A

1. Quella è la casa dei Rossi, è _____ _____ casa.

2. Vado alla festa di Maria, vado alla _____ festa.

3. Giulio ha comprato una macchina nuova, quella è _____ _____ macchina.

4. Gli studenti studiano sui _____ libri.

5. Ti regalo dei fiori, questi sono _____ _____ fiori.

6. Vi ho portato delle rose, queste sono _____ _____ rose.

7. Mi dai un regalo, questo è _____ _____ regalo.

8. Ci sono delle penne per noi e per voi, queste sono _____ _____ penne e quelle sono _____ _____.

Carla e Marco Valli têm três filhos, e o irmão de Marco, Roberto, que mora em Melbourne, tem quatro:

Exercício B

Carla & Marco Valli   Julia & Roberto Valli

Gabriella, Marcello e Cecilia   Massimo, Nicola, Andrea e Lisa

Complete as lacunas abaixo indicando a relação entre os vários membros da família. Escreva o adjetivo possessivo correto onde for necessário.

Ex.:
Cecilia è **la sorella** di Gabriella e Marcello, è **la loro sorella**.

1. Gabriella, Marcello e Cecilia sono _____ _____ di Roberto e Julia Valli, sono _____ _____ _____.

Lição 12

2. Carla è _____ _____ di Roberto Valli.

3. Marcello è _____ _____ di Carla e Marco Valli, è _____ _____ _____.

4. Lisa è _____ _____ di Carla e Marco Valli, è _____ _____ _____.

5. Gabriella, Marcello e Cecilia sono _____ _____ di Massimo, Nicola, Andrea e Lisa.

6. Nicola, Andrea e Massimo sono _____ _____ di Lisa, sono _____ _____ _____.

7. Julia e Roberto Valli sono _____ _____ di Gabriella, Marcello e Cecilia, sono _____ _____ _____.

8. Marcello è _____ _____ di Julia e Roberto Valli, è _____ _____ _____.

9. Roberto Valli è _____ _____ di Carla Valli.

10. Julia e Carla sono _____.

11. Marco e Roberto sono _____.

12. Cecilia e Gabriella sono _____ _____ di Massimo, sono _____ _____.

13. Marcello è _____ _____ di Massimo, Nicola, Andrea e Lisa, è _____ _____ _____.

Exercício C

Responda às perguntas abaixo usando **lo**, **la**, **li**, **le**, **ne** ou **ci**. Lembre que essas partículas também podem se juntar ao final de verbos no infinitivo.

Ex.:
Prendi *questo libro*? Sì, **lo** prendo.
Vuoi prendere *questo libro*? Sì, voglio prender**lo**.

Quanti libri vuoi prendere? *Ne* voglio prendere due. – Voglio prender**ne** due.
Quante volte vai *in biblioteca* ? **Ci** vado ogni giorno.

1. Vuoi comprare *un giornale*? _____

2. Vedi *quelle riviste*? _____

Lição 12

3. Conosci *questi studenti*? _____
4. Volete conoscere *quella ragazza*?
 _____
5. Saluti *il tuo amico*? _____
6. Guardi *la televisione* dopo cena?
 _____
7. Capisci *l'italiano*? _____
8. Volete ascoltare *i miei cd*? _____
9. *Quanti caffè* bevi al giorno? _____
10. Quante volte al mese vai *a teatro*?
 _____
11. *Quante città italiane* vuoi visitare?
 _____
12. *Quanti esercizi* devi fare? _____
13. *Quante lingue* sai parlare? _____
14. Devi leggere *dei libri*? _____
15. Comprate *delle rose*? _____
16. *Quanti quaderni* comprate? _____
17. Incontri *le tue amiche*? _____
18. Devi scrivere *molte lettere*? _____

Exercício D

Substitua os verbos em itálico por **stare** + *gerúndio* e depois pelo futuro:

Ex.:
Vado a comprare un libro.
Sto andando a comprare un libro.
Andrò a comprare un libro.

1. I miei studenti *vengono* a cena a casa mia.
 _____
2. *Leggiamo* un libro molto interessante.
 _____
3. *Compro* dei fiori per te. _____
4. *Mando* una cartolina alle mie amiche.
 _____
5. *Guardo* la televisione. _____

Lição 12

6. *Ritorniamo* a casa. _____

7. La mamma *prepara* i panini per la colazione.
_____

8. *Finisco* questo lavoro. _____

9. *Facciamo* la spesa. _____

10. *Portate* dei libri a casa. _____

11. *Veniamo* a trovarti. _____

12. *Scrivete* delle lettere ai vostri clienti.
_____

Exercício E

Escreva o oposto das palavras abaixo:

caldo _____   bianco _____

vuoto _____   poco _____

vecchio _____   brutto _____

economico _____ bene _____

Exercício F

A seguir há uma lista de expressões que contêm **molto**, **poco**, **troppo** e **niente** com *da* + *infinitivo*. Use cada expressão uma única vez para completar as frases a seguir.

Ex.:
niente da dirgli
Lo conosco poco, non ho **niente da dirgli**.

troppo da fare
poco da mangiare
molto da leggere
niente da dichiarare
molto da comprare
molto da vedere
niente da mettermi
molto da raccontarle

1. Nel frigorifero c'è _____.

2. Alla dogana non ho _____.

3. Prima di un viaggio sono sempre molto impegnata, ho _____.

4. In biblioteca c'è _____.

5. In un museo c'è _____.

6. Al supermercato c'è _____.
7. Per la festa di stasera non ho _____.
8. Non la vedo da tanto tempo, ho _____.

Agora responda às seguintes perguntas:

Exercício G

1. Dove compri i formaggi e il prosciutto?
   _____
2. Dove compri il pane? _____
3. Dove compri il giornale? _____
4. Dove compri le cartoline e i francobolli?
   _____
5. Com'è la tua lista della spesa?
   _____
6. Di che colore è il cielo quando è sereno e quando è nuvoloso? _____
7. Di che colore è la neve? _____
8. Di che colore sono i tuoi pantaloni?
   _____
9. Di che colore è il tuo vestito? _____
10. Di che colore sono le tue scarpe?
    _____
11. Di che colore è la tua camicia?
    _____
12. Di che colore sono le tue calze?
    _____
13. Di che colore è il tuo pullover? _____
14. Qual è il tuo colore preferito? _____

> Visite <http://www.berlitzpublishing.com> para atividades extras na internet – vá à seção de downloads e conecte-se com o mundo em italiano!

Lição

13
MI INDICA LA STRADA?
PODERIA ME EXPLICAR O CAMINHO?

Una turista, amica di Paul, è venuta a Milano. Non riesce a trovare la strada che cerca, e chiede indicazioni a un vigile urbano.
Uma turista, amiga de Paul, veio a Milão. Ela não consegue encontrar a rua que está procurando e pede informações a um guarda.

La turista **Scusi!**
Com licença!

Il vigile **Sì, mi dica!**
Sim, posso ajudá-la?

La turista **Vorrei andare alla *Pinacoteca di Brera*. Mi indica la strada, per favore?**
Eu gostaria de ir à Pinacoteca de Brera. Explique-me o caminho, por favor?

Il vigile **Certo, signorina. Allora vediamo... vada in Piazza Duomo. A sinistra del Duomo c'è la Galleria. Entri in Galleria e la percorra, si troverà**

Lição 13

	in piazza della Scala. A destra del teatro La Scala c'è via Brera. Dopo cento metri, alla sua destra, troverà la pinacoteca. Claro, senhorita. Então, vejamos... vá até a Piazza Duomo. À esquerda da catedral, fica a galeria. Entre na galeria e a atravesse, e estará na Piazza della Scala. À direita do teatro La Scala fica a via Brera. Cem metros adiante, à sua direita, verá a pinacoteca.
La turista	Bene, grazie, penso di aver capito. Allora attraverso la Galleria e a destra del teatro trovo via Brera. Ma come faccio ad arrivare in piazza Duomo da qui? È lontano? Certo, obrigada. Acho que entendi. Então atravesso a galeria, e encontro a via Brera à direita do teatro. Mas como faço para chegar à praça Duomo daqui? Fica longe?
Il vigile	Beh, è una bella passeggiata! Se vuole, può andare in metropolitana o con l'autobus. Bem, é uma boa caminhada! Se quiser, pode ir de metrô ou de ônibus.
La turista	No, preferisco camminare. Quanto è distante a piedi? Não, prefiro caminhar. A que distância fica daqui?
Il vigile	Saranno circa seicento metri. Deve andare diritto per corso Venezia fino a raggiungere piazza San Babila. Poi attraversi la piazza e imbocchi corso Vittorio Emanuele. Risalga il corso e vedrà alla sua sinistra il Duomo e alla sua destra la Galleria. Devem ser cerca de seiscentos metros. Siga em frente na avenida Venezia até chegar à praça San Babila. Então, atravesse a praça e vire na avenida Vittorio Emanuele. Suba na avenida e verá o Duomo à sua esquerda e a galeria à sua direita.
La turista	Allora vado diritto fino a San Babila e poi giro per corso Vittorio Emanuele e così arrivo al Duomo. È giusto? Então, eu vou em frente até a San Babila, depois viro na avenida Vittorio Emanuele e assim chego o Duomo. Está certo?
Il vigile	Giustissimo, signorina. Buona passeggiata! Certíssimo, senhorita. Bom passeio!

135

DOMANDE E RISPOSTE / PERGUNTAS E RESPOSTAS

È lontano?
É longe?

No, non è lontano. È qui vicino.
Não, não é longe. É aqui perto.

Quanto ci si mette a piedi?
Quanto tempo se leva a pé?

Ci si mettono venti minuti circa.
Leva cerca de vinte minutos.

E quanto ci vuole in metropolitana?
Quanto tempo se leva/dá de metrô?

Ci vogliono solo dieci minuti.
Leva só dez minutos.

Quanto è distante?
A que distância fica?

Saranno circa seicento metri.
Deve ficar a cerca de seiscentos metros.

Come faccio ad arrivare in piazza/alla stazione?
Como faço para chegar à praça/à estação?

Vada sempre diritto. (formal)
Vá sempre em frente.

Vuole camminare o prendere l'autobus? (formal)
Você quer caminhar ou pegar o ônibus?

Preferisco camminare.
Prefiro caminhar.

Devo continuare/andare diritto o girare?
Devo seguir/ir em frente ou virar?

Vada/continui diritto. (formal)
Vá/siga em frente/reto.

Devo girare a destra o a sinistra?
Devo virar à direita ou à esquerda?

Giri alla seconda traversa a destra. (formal)
Vire na segunda travessa à direita.

Devo imboccare la prima o la seconda traversa?
Devo pegar a primeira ou a segunda travessa?

Imbocchi/prenda la prima a sinistra. (formal)
Pegue a primeira à esquerda.

È questa la strada per la pinacoteca?
Este é o caminho para a pinacoteca?

No, è quella.
Não, é aquele.

È questa la strada giusta per andare alla stazione/all'aeroporto?
Este é o caminho certo para ir à estação/ao aeroporto?

Sì, giustissima, segua le cartelli stradali.
Sim, certíssimo.
Siga as placas de trânsito.

È giusto?
Está certo?

Giustissimo!
Certíssimo!

PAROLE DA RICORDARE / PALAVRAS QUE VOCÊ DEVE LEMBRAR

Indique-me/Você pode me indicar o caminho, por favor?	Mi indica/Può indicarmi la strada, per favore? (formal)
Eu gostaria de ir à pinacoteca.	Vorrei andare alla pinacoteca.
Vá em frente. Siga em frente.	Vada avanti diritto. Continui diritto. (formal)
Vire à direita.	Giri a destra. (formal)
Pegue a primeira travessa à esquerda.	Prenda/Imbocchi la prima traversa a sinistra. (formal)
Percorra a galeria.	Percorra la galleria. (formal)
Atravesse a praça.	Attraversi la piazza. (formal)
A que distância fica?	Quanto è distante?
Quanto tempo leva?	Quanto ci vuole?/ Quanto ci si mette?
É o caminho certo?	È la strada giusta?
Como faço para chegar lá?	Come faccio ad arrivare lì?/ Come faccio ad arrivarci?
Devo virar à direita ou à esquerda?	Devo girare a destra o a sinistra?
Devo seguir em frente ou virar?	Devo continuare/andare diritto o girare?
Prefiro caminhar.	Preferisco camminare.
Não entendi. Poderia repetir?	Non ho capito, può ripetere? (formal)
Está certo?/ É assim mesmo?/	È giusto?/ È così?
Está, certíssimo!	È giustissimo!

GRAMMATICA / GRAMÁTICA

1. L'IMPERATIVO FORMALE / O IMPERATIVO FORMAL OU DE CORTESIA

Os verbos **dica, porti, vada, entri, percorra, attraversi, salga** e **imbocchi** são construções do imperativo formal, usado quando queremos dar ordens ou sugestões corteses às pessoas com quem falamos, usando o pronome **Lei**. Você pode usar o imperativo formal para fazer um pedido ou dar uma ordem, por exemplo.

Mi porti un cappuccino. Traga-me um cappuccino.
Gli mandi questo pacco. Mande-lhe este pacote.

Siga as regras abaixo para obter o imperativo formal:

1. Acrescente **-i** à raiz dos verbos que terminam em **-are**.

port-are	port-i
mand-are	mand-i
attravers-are	attravers-i
imbocc-are	imbocc-hi
cerc-are	cerc-hi

2. Acrescente **-a** à raiz dos verbos que terminam em **-ere** ou **-ire**.

ved-ere	ved-a
sent-ire	sent-a
mett-ere	mett-a
percorr-ere	percorr-a

Observação: O imperativo formal dos verbos irregulares termina sempre em **-a**, até mesmo o dos verbos irregulares que terminam em **-are** no infinitivo.

and-are	vad-a
f-are	facci-a

Nas frases com o imperativo formal, observe também que os pronomes, geralmente, vêm antes do verbo.

Mi dica. Posso ajudá-lo? (*literalmente*: Diga-me.)
Lo faccia. Faça.

Mi scriva questa lettera. Escreva esta carta para mim.
Gli dia questo pacco. Dê-lhe este pacote.

Para transformar uma frase em negativa, coloca-se **non** antes do verbo.

Non dica niente. Não diga nada.
Non faccia niente. Não faça nada.

Uma alternativa ao uso do imperativo é transformar a frase em uma pergunta usando o verbo no presente do indicativo.

Nós vimos alguns exemplos na Lição 7:

Mi porta un cappuccino e un cornetto?
Você me traz um cappuccino e um croissant?

Em vez de usar o imperativo:
Mi porti un cappuccino e un cornetto!

Aqui estão outros exemplos das duas formas, usando os verbos **dare** e **indicare**:

Mi dà un caffè macchiato? (*presente do indicativo*)
Você me dá um café com leite?

Mi dia un caffè macchiato! (*imperativo formal*)
Dê-me um café com leite!

Mi indica la strada per il Duomo? (*presente do indicativo*)
Você me indica o caminho para a catedral?

Mi indichi la strada per il Duomo! (*imperativo formal*)
Indique-me o caminho para a catedral!

Observação: no italiano, o uso do imperativo formal é considerado um modo de cortesia.

VOCABOLARIO / VOCABULÁRIO

indicazioni: instruções, indicações
cartelli stradali: placas de trânsito
indicare: indicar, dar instruções, mostrar/explicar o caminho
girare: virar
imboccare/prendere: tomar/pegar, virar (em uma rua etc.)
andare diritto/continuare diritto: seguir em frente/reto, ir em frente
attraversare: atravessar
traversa: travessa, rua transversal
percorrere: percorrer
percorso: percurso, caminho
seguire: seguir
raggiungere: alcançar, chegar a
arrivare: chegar
cercare: procurar, buscar

Lição 13

trovare: encontrar, achar
riuscire: conseguir
salire: subir
fermarsi: parar (de se movimentar)
a destra: à direita
a sinistra: à esquerda
attraverso: através de, por
fino a: até
giusto: certo, correto
sbagliato: errado
vicino: perto
qui vicino: por perto, aqui perto, na vizinhança
lontano/distante: longe, distante
vigile urbano: guarda
autostrada: autoestrada
semaforo: semáforo
incrocio: cruzamento
circonvallazione: anel rodoviário, circunvalação, avenida perimetral
metro: metro
chilometro: quilômetro
rotonda: rotatória, rótula (de trânsito)
cartina: mapa

ESERCIZI / EXERCÍCIOS

Exercício A (1)

Transforme as frases interrogativas abaixo em declarações usando o imperativo formal:

Ex.:
Mi manda questo pacco?
Mi mandi questo pacco!

1. Ci fa questo lavoro? _____
2. Le manda questa lettera? _____
3. Mi scrive questa informazione? _____
4. Risponde alla mia e-mail? _____
5. Fa tutto il necessario? _____
6. Mi dice la verità? _____
7. Ci porta della birra? _____
8. Ci serve la colazione in camera alle nove? _____

9. Mi dà la sveglia alle otto? _____

10. Mi dà più tempo? _____
11. Ci indica la strada? _____
12. Mi mostra la cartina? _____
13. Fa una passeggiata ogni mattina? _____

14. Gira a sinistra? _____
15. Va diritto per la galleria? _____
16. Va fino alla piazza? _____
17. Imbocca la prima traversa? _____
18. Attraversa al semaforo? _____

Agora transforme as frases seguintes no imperativo formal em frases interrogativas com verbos no presente do indicativo:

Ex.:
Mi porti una fetta di torta!
Mi porta una fetta di torta?

1. Ci legga questo documento! _____
2. Ci porti del vino e della birra! _____
3. Mi scriva queste lettere! _____
4. Gli mandi un'e-mail! _____
5. Le porti il pacco a casa! _____
6. Mi dia il resto! _____
7. Ci porti le valigie! _____
8. Mi faccia un favore! _____
9. Mi dica cosa ne pensa! _____
10. Mi aspetti all'uscita! _____

Exercício A (2)

Transforme as frases negativas em imperativas afirmativas, usando o imperativo formal:

Ex.:
Lei non gira a sinistra
Giri a sinistra!

Exercício B

Lição 13

1. Lei non lavora bene. _____
2. Lei non va diritto per la galleria. _____
3. Lei non legge il giornale. _____
4. Lei non scrive l'e-mail. _____
5. Lei non imbocca la traversa giusta. _____
6. Lei non attraversa al semaforo. _____
7. Lei non dice il suo nome. _____
8. Lei non ci dà abbastanza tempo per finire questo lavoro. _____
9. Lei non fa tutto il necessario. _____
10. Lei non continua l'esercizio. _____
11. Lei non ci dice tutta la verità. _____
12. Lei non ci indica la strada giusta. _____
13. Lei non ci dà il resto. _____
14. Lei non ci porta da bere. _____
15. Lei non cammina a piedi. _____
16. Lei non cerca di ricordare. _____
17. Lei non si ferma all'incrocio. _____

Exercício C

Releia o diálogo desta lição e liste os verbos conforme as categorias abaixo. O primeiro verbo de cada categoria já está listado:

(1) verbos no presente do indicativo: **indica** _____

(2) verbos no futuro: **si troverà** _____

(3) verbos no imperativo formal: **scusi** _____

Visite <http://www.berlitzpublishing.com> para atividades extras na internet – vá à seção de downloads e conecte-se com o mundo em italiano!

Lição

UNA CHIACCHIERATA
UM BATE-PAPO

14

**Questo pomeriggio il professor Valli e Paul sono andati a trovare Anna Alberti nel suo nuovo appartamento.
I nostri amici sono seduti nel soggiorno e Anna serve il caffè.**
Esta tarde o professor Valli e Paul foram visitar Anna Alberti no seu novo apartamento. Os nossos amigos estão sentados na sala de estar, e Anna está servindo café.

Anna **Prendi ancora del caffè, Paul?**
Aceita mais café, Paul?

Paul **Sì, grazie. Il caffè italiano è così buono!**
Sim, obrigado. O café italiano é tão bom!

Anna **Ma è anche molto forte. Per questo lo prendo sempre con un po' di latte. E Lei, professor Valli, prende un po' di caffè?**
Mas também é muito forte. Por isso, tomo sempre com um pouco de leite. E você, professor Valli, aceita um pouco de café?

143

Lição 14

Il prof. Valli No, grazie. Non ne prendo mai. Mi fa male!
Não, obrigado. Nunca o tomo. Me faz mal!

Anna Le preparo un tè, allora. Prenda intanto un pezzo di focaccia: è buona e croccante. Serviti anche tu, Paul. So che la focaccia ti piace. Quanto tempo vi fermate a Roma?
Preparo-lhe um chá, então. Enquanto isso, pegue um pedaço de focaccia: está gostosa e crocante. Sirva-se você também, Paul. Sei que você gosta de focaccia. Quanto tempo ficam em Roma?

Il prof. Valli Ci fermiamo ancora due giorni, poi ripartiamo per Milano.
Ficamos por mais dois dias, depois voltamos para Milão.

Anna Ho sentito che Lei e sua moglie avete fatto un lungo giro per l'Europa, non è vero?
Ouvi que você e a sua esposa fizeram uma longa viagem pela Europa, é verdade?

Il prof. Valli Sì, abbiamo visitato tutte le più belle città europee. Siamo stati a Parigi, Vienna, Londra. Siamo stati in vacanza per più di tre settimane. Ma sono contento di aver avuto anche l'opportunità di rivederLa, Anna.
Sim, visitamos todas as mais lindas cidades europeias. Estivemos em Paris, Viena e Londres. Estivemos de férias por de três semanas. Mas estou contente por ter tido também a oportunidade de revê-la, Anna.

Anna Siete sempre così gentili con me! Ma venite a vedere l'appartamento: è piccolo ma molto comodo.
Vocês são sempre tão gentis comigo! Mas venham ver o apartamento: é pequeno, mas muito confortável.

(mostrando le stanze) Accanto al soggiorno c'è la camera da letto con il bagno e una stanzetta che mi serve da studio. Ho dipinto tutto in giallo e blu perchè sono i miei colori preferiti.
(mostrando os cômodos) Ao lado da sala de estar há o quarto com banheiro e o quartinho que uso como escritório. Pintei tudo de azul-escuro e amarelo porque são as minhas cores favoritas.

Paul È tutto molto bello e allegro, anche l'arredamento. Ti sei fatta aiutare da un architetto?
É tudo muito bonito e alegre, inclusive a decoração. Você teve a ajuda de um arquiteto?

Anna Sì, un po'. Ma soprattutto mi sono fidata del mio gusto. Ecco, questa è la cucina e di fronte c'e una stanza per gli ospiti.
Sim, um pouco. Mas confiei no meu gosto acima de tudo. Aqui, esta é a cozinha, e de frente há um quarto de hóspedes.

Paul Complimenti, è un bell'appartamento! Chissà, forse ritornerò presto a Roma per qualche lieto evento.
Parabéns, é um belo apartamento! Quem sabe eu não volto a Roma em breve por alguma feliz circunstância?

DOMANDE E RISPOSTE / PERGUNTAS E RESPOSTAS

Prendi ancora del caffè? (informal)
Aceita mais café?

**Sì, grazie. È molto buono.
No, grazie. Basta così.**
Sim, obrigado. Está muito bom.
Não, obrigado. É o suficiente.

Facciamo una chiacchierata?
Vamos bater um papo?

**Sì, volentieri.
Mi dispiace, non ho tempo.**
Sim, com prazer.
Sinto muito, não tenho tempo.

Sei amante del caffè? (informal)
Você gosta de café?

**Sì, ma non posso prenderlo.
Mi fa male!**
Sim, mas não posso tomá-lo. Me faz mal!

Ti piace la focaccia? (informal)
Você gosta de focaccia?

Sì, mi piace molto. È croccante.
Sim, gosto muito. É crocante.

Quanto tempo sei stato a Milano? (informal)
Quanto tempo você ficou em Milão?

Ci sono stato per tre anni, ma adesso abito a Boston.
Estive lá por três anos, mas agora moro em Boston.

Da quanto tempo sei a Milano? (informal)
Há quanto tempo você está em Milão?

Ci sono da tre anni ormai.
Estou aqui já há três anos.

Quali città europee hanno visitato i Valli?
Quais cidades europeias os Valli visitaram?

Sono stati a Parigi, Vienna e Londra.
Eles estiveram em Paris, Viena e Londres.

Lição 14

Quanto tempo si fermano a Roma il professor Valli e Paul?
Quanto tempo o professor Valli e Paul ficam em Roma?

Si fermano solo due giorni.
Ficam apenas dois dias.

Cosa faranno dopo?
O que eles farão depois?

Ripartiranno per Milano.
Voltarão a Milão.

Quante stanze ci sono nell'appartamento di Anna?
Quantos cômodos há no apartamento de Anna?

Ce ne sono quattro, più cucina e bagno.
Há quatro, além da cozinha e do banheiro.

Quali sono?
Quais são eles?

Sono il soggiorno, la camera da letto, lo studio e la stanza per gli ospiti.
São a sala de estar, o quarto, o escritório e o quarto de hóspedes.

Come ha dipinto l'appartamento Anna?
Como Anna pintou o apartamento?

L'ha dipinto di giallo e blu.
Ela o pintou de amarelo e azul--escuro.

Com'è l'arredamento?
Como é a decoração?

È allegro.
É alegre.

Ha buon gusto Anna?
Anna tem bom gosto?

Sì, ha molto buon gusto.
Sim, tem muito bom gosto.

PAROLE DA RICORDARE / PALAVRAS QUE VOCÊ DEVE LEMBRAR

um pouco de leite	**un po' di latte**
Eu adoro café.	**Sono amante del caffè.**
Me faz mal.	**Mi fa male.**
Faz bem a você.	**Ti fa bene.** (informal)
Quanto tempo você fica aqui?	**Quanto tempo ti fermi qui?** (informal)
Quanto tempo você ainda fica aqui?	**Quanto tempo si ferma qui?** (formal)
Fico mais/outros dois dias.	**Mi fermo ancora due giorni.**
Ouvi dizer.	**Ho sentito (dire).**

uma longa viagem pela Europa	un lungo giro per l'Europa
Fico contente.	Sono contento.
Estou na Itália há mais de três semanas.	Sono in Italia da più di tre settimane.
Estou na Itália desde domingo passado.	Sono in Italia da domenica scorsa.
Morei na Itália por três anos e depois me mudei para Boston.	Ho abitato in Italia per tre anni e poi mi sono trasferito a Boston.
Você é sempre tão gentil!	Sei sempre così gentile! (informal)
Vocês são sempre tão gentis!	Siete sempre così gentili!
É pequeno, mas confortável.	È piccolo ma comodo.
a sala de estar	il soggiorno
Você tem bom gosto.	Hai buon gusto. (informal)
ainda não	non ancora

GRAMMATICA / GRAMÁTICA

1. IL PASSATO PROSSIMO / O PASSADO PRÓXIMO

Os verbos **sono venuti** (venire), **sono seduti** (sedere), **avete fatto** (fare), **siamo stati** (essere) e **ho dipinto** (dipingere) estão todos conjugados no tempo verbal chamado *passato prossimo*.

O *passato prossimo* é formado com o presente do indicativo do verbo **avere** ou **essere** seguido do particípio do verbo principal:

Ho parlato
Falei

Sono arrivato
Cheguei

Observação: o *passato prossimo* de **essere** e **avere** é:

Ho avuto
Tive

Sono stato
Estive/Fui (ser)

Lição 14

Geralmente o *passato prossimo* é usado como o pretérito perfeito em português, indicando eventos passados finalizados completamente. Em italiano, referem-se a situações passadas não muito distantes no tempo.

Ho appena letto questo libro.
Eu acabei de ler este livro.

Quando ho letto il libro, l'ho trovato interessante.
Quando eu li o livro, achei-o interessante.

Sono arrivato a Roma ieri.
Cheguei a Roma ontem.

Para formar o *passato prossimo*, você precisa conhecer o particípio dos verbos que vêm depois de **essere** ou **avere**:

Verbos que terminam em **-are**: raiz + **-ato**	
compr-are	**compr-ato**
arriv-are	**arriv-ato**

Verbos que terminam em **-ere**: raiz + **-uto**	
vend-ere	**vend-uto**
conosc-ere	**conosci-uto**
sed-ere	**sed-uto**

Verbos que terminam em **-ire**: raiz + **-ito**	
fin-ire	**fin-ito**
usc-ire	**usc-ito**

Aqui estão alguns exemplos com o *passato prossimo* de verbos regulares e irregulares que terminam em **-are**, **-ere** e **-ire**:

Io ho studiato l'italiano. (*studiare*)
Tu hai letto il libro. (*leggere*)
Anna ha preparato i panini. (*preparare*)
Giulio ha mandato dei fiori. (*mandare*)
Noi abbiamo dipinto la nostra stanza e abbiamo finito il nostro lavoro oggi. (*dipingere, finire*)
Tu e Giulio avete incontrato gli amici di Anna. (*incontrare*)
I tuoi amici hanno visto un bel film. (*vedere*)

Os particípios dos verbos irregulares são formados de outra forma, e você precisa aprendê-los à parte. Seguem alguns dos mais comuns:

dire – detto
fare – fatto
vedere – visto
leggere – letto
scrivere – scritto
cuocere – cotto
prendere – preso

mettere – messo
venire – venuto
rimanere – rimasto
dipingere – dipinto
dovere – dovuto
potere – potuto
volere – voluto

2. **ESSERE O AVERE? / SER OU TER?**

O *passato prossimo* da maioria dos verbos transitivos (ou seja, verbos que são acompanhados de objeto) é formado com o uso do verbo auxiliar **avere**, p. ex., **ho visto un film**, enquanto a maioria dos verbos intransitivos (que não têm objeto), com **essere**.

Além disso, o *passato prossimo* de muitos verbos de movimento, como **arrivare, venire, andare, partire, entrare** e **uscire**, é formado com o emprego do verbo auxiliar **essere**.

È appena arrivato. Ele acabou de chegar./ Chegou há pouco tempo.
Carla e Marco sono venuti a Milano. Carla e Marco vieram a Milão.

Alguns verbos podem ser usados tanto na forma transitiva como na intransitiva. Sendo assim, quando o verbo for empregado como transitivo, usa-se o verbo auxiliar **avere**:

Il professor Valli **ha cominciato** la lezione alle 9 e **ha finito** alle 11.

Porém, quando o verbo estiver na forma intransitiva, usa-se **essere**:

La lezione **è cominciata** alle 9 ed **è finita** alle 11.

3. **ACCORDO DEL PARTICIPIO PASSATO / CONCORDÂNCIA DO PARTICÍPIO**

Observe que o particípio dos verbos termina em **-o** sempre que o verbo auxiliar for o verbo **avere**. Porém, quando o verbo auxiliar for o verbo **essere**, o particípio tem que concordar em gênero e número com o sujeito:

Giulio ha vist**o** un film.
Anna ha comprat**o** una valigia nuova.
I ragazzi hanno lett**o** il libro.
Le ragazze hanno fatt**o** i compiti.

mas

Anna è uscit**a** di casa ed è andat**a** in ufficio.
Giulio è venut**o** a Milano.

Lição 14

**I ragazzi sono usciti di casa e sono andati a scuola.
Le ragazze sono arrivate ieri.**

No entanto, quando o verbo auxiliar for avere, precedido de um *pronome com função de objeto direto*, a concordância se faz com o objeto, e não com o sujeito.

Lo e la seguidos de avere geralmente perdem a vogal e recebem um apóstrofo.

**Hai comprato la macchina? Sì, l'ho comprata.
Hai mandato il pacco? Sì, l'ho mandato.
Hai invitato le amiche di Anna a cena? Sì, le ho invitate.
Hai incontrato i tuoi amici? Sì, li ho incontrati.**

Também é possível usar os pronomes duplos antes do passato prossimo. Nesse caso, o particípio também concorda com o objeto direto.

**Hai scritto la cartolina a Paulo? Sì, gliel'ho scritta.
Hai comprato il regalo per Paulo? Sì, gliel'ho comprato.
Hai mandato le lettere ai clienti? Sì, gliele ho mandate.
Hai spedito i pacchi a tuo fratello? Sì, glieli ho spediti.
Hai portato a me questo regalo? Sì, te l'ho portato.
Hai scritto a me questa cartolina? Sì te l'ho scritta.
Hai portato a noi questi libri? Sì, ve li ho portati.
Hai spedito a noi queste lettere? Sì, ve le ho spedite.**

---

4. LA PREPOSIZIONE DA / A PREPOSIÇÃO DA

Quando seguida de uma expressão de tempo, a preposição da indica o tempo que se passou desde o início da ação. Geralmente, usa-se o verbo no presente do indicativo para mostrar que a ação continua no presente:

Studio l'italiano da due mesi.
Estudo italiano há dois meses (você começou há dois meses e continua estudando).

A preposição da pode ser traduzida como *há* ou *desde.*

Lavoro qui da dieci anni.
Trabalho aqui *há* dez anos.

Lavoro qui da lunedì.
Trabalho aqui *desde* segunda-feira.

Compare as frases abaixo:

Siamo in Europa da più di tre settimane.
Estamos na Europa há mais de três semanas.

Siamo rimasti in Europa per più di tre settimane.
Ficamos na Europa por mais de três semanas.

Na segunda frase, o *passato prossimo*, siamo rimasti, é seguido da preposição per e de uma expressão de tempo, indicando o período de uma ação no passado, a esta altura já finalizada.

A primeira frase indica que a ação continua no presente, pois usa o presente do indicativo, siamo, seguido da preposição da e uma expressão de tempo.

Aqui estão mais dois exemplos:

Ho lavorato qui per dieci anni.
Trabalhei aqui por dez anos (mas agora trabalho em outro lugar).

Lavoro qui da dieci anni.
Trabalho aqui há dez anos (comecei há dez anos e continuo trabalhando aqui).

VOCABOLARIO / VOCABULÁRIO

smettere: parar
dipingere: pintar
rimanere: ficar, permanecer
camminare: caminhar
fumare: fumar
aiutare: ajudar
servirsi: servir-se
cuocere: cozinhar
sedersi: sentar-se
sedere: sentar
mostrare: mostrar
fidarsi di: confiar em
fare affidamento su: contar com
fare delle telefonate: fazer uns telefonemas
trasferirsi: mudar-se
scioperare: frazer greve
chiacchierare: conversar, bater papo
essere a dieta: estar de dieta
essere in forma: estar em (boa) forma
fare bene: fazer bem
fare male: fazer mal
essere amante di: ser amante de, ser fã de, adorar
chiacchierata: conversa, bate-papo
appartamento: apartamento
piantina: mapa
focaccia: focaccia (um tipo de pão italiano achatado)
croccante: crocante
camera da letto: quarto
soggiorno: sala de estar

Lição 14

stanza degli ospiti: quarto de hóspedes
arredamento: decoração
mobili: móveis
architetto d'interni: decorador
gusto: gosto
non avere gusto: não ter gosto
buon gusto: bom gosto
cattivo gusto: mau gosto
cucina: cozinha
studio: escritório, sala de estudos
caminetto: chaminé
carta da pareti: papel de parede
termosifone: radiador, aquecedor
televisore: televisão
lampada: abajur
tavolino: mesinha
tazza da tè: xícara de chá
vaso: vaso
quadro: quadro
tende: cortinas
grato: grato, agradecido
gentile: gentil
forte: forte
debole: fraco
scomodo: desconfortável
pigro: preguiçoso/preguiçosa
efficiente: eficiente
noioso: chato, entediante
allegro/allegra, contente: alegre
lungo: longo, comprido
preferito/preferita: favorito, preferido
opportunità: oportunidade
evento: evento
macchina fotografica: câmera/máquina fotográfica
bicicletta: bicicleta
giocattolo: brinquedo
calze da uomo: meias masculinas
calze da donna: meias femininas, meias-calças
acqua minerale: água mineral
salsicce: linguiças
salami: salames
verdura: verdura
dieta: dieta
sciopero: greve
tra/fra: daqui a, em (indicando, p. ex., quanto tempo falta), entre
da: há, desde
per: por, durante

Lição 14

già/ormai: já, a esta altura
questa volta: desta vez
più di: mais de
improvvisamente/all'improvviso: repentinamente, de repente

ESERCIZI / EXERCÍCIOS

No supermercado, um atendente lhe mostra alguns produtos. Diga-lhe que você já os comprou hoje pela manhã. Ao responder às perguntas, use o *passato prossimo* e um pronome com a função de objeto ou pronome duplo antes do verbo. Lembre--se de concordar o particípio com o pronome que tem função de objeto direto!

Exercício A

Ex.:
Ha comprato *il prosciutto*?
Sì, **l'ho** già **comprato** stamattina.

Ha comprato *la borsa* a sua moglie?
Sì, **gliel'ho** già **comprata** stamattina.

1. Ha comprato il pane? _____
2. Ha comprato la carne? _____
3. Ha comprato i sottaceti? _____
4. Ha comprato i salami? _____
5. Ha comprato una mozzarella? _____
6. Ha comprato la verdura? _____
7. Ha comprato il latte? _____
8. Ha comprato i formaggi? _____
9. Ha comprato l'acqua minerale? _____
10. Ha comprato le salsicce? _____
11. Ha comprato le calze a sua moglie?
    _____
12. Ha comprato il giornale a suo padre?
    _____
13. Ha comprato le riviste a sua figlia?
    _____

Lição 14

14. Ha comprato la bicicletta a suo figlio?
___

15. Ha comprato la torta a sua madre?
___

16. Ha comprato i quaderni alle ragazze?
___

17. Ha comprato un giocattolo a suo figlio?
___

18. Ha comprato le giacche ai ragazzi?
___

Exercício B

Complete os espaços usando **per** ou **da**, conforme o contexto.

Ex.:
Studia l'italiano **da** due anni e lo parla bene.
Ha studiato l'italiano **per** due anni prima di andare in Italia.

1. Gli operai sono in sciopero _____ lunedì.

2. Ha abitato a Londra _____ due anni, poi è tornato in Italia.

3. È sposato solo _____ due mesi.

4. Lavora in questo ufficio _____ due anni ed è sempre puntuale.

5. Ha lavorato a Roma _____ otto anni e poi si è trasferito a Milano.

6. Non vedo i miei figli _____ domenica scorsa.

7. Non lo vedo _____ più di tre mesi.

8. Non l'ho visto _____ tre anni, poi improvvisamente mi ha telefonato.

9. Sono stati sposati _____ dieci anni, poi si sono separati.

10. È a dieta _____ tre settimane e si sente in forma.

11. Ha fatto una dieta _____ un mese, poi ha dovuto smettere.

12. Gli operai hanno scioperato _____ tre giorni.

13. Gli operai sono in sciopero _____ lunedì.

> Visite <http://www.berlitzpublishing.com> para atividades extras na internet – vá à seção de downloads e conecte-se com o mundo em italiano!

Lição

15

TUTTO È BENE QUEL CHE FINISCE BENE
TUDO ESTÁ BEM QUANDO TERMINA BEM

La turista, amica di Paul, è alla stazione di Milano. È davanti all'ufficio Cambio e sta parlando con un altro turista.
A turista, amiga de Paul, está na estação de Milão. Ela está na frente da loja de câmbio e está falando com outro turista.

La turista **Scusi, ha visto per caso una valigia blu? L'ho lasciata qui circa dieci minuti fa.**
Com licença, você viu por acaso uma mala azul-escura? Eu a deixei aqui há uns dez minutos.

Il turista **Qui? No, mi dispiace, non l'ho vista.**
Aqui? Não, sinto muito, não a vi.

La turista ***(agitata)* Ho perso la valigia, non so come fare. È tremendo! Tutto quello che avevo era in quella valigia.**
(agitada) Eu perdi a mala, não sei o que fazer. É terrível! Tudo o que tinha estava naquela mala.

Il turista **Non si preoccupi, sono sicuro che la ritroverà! Cerchi di ricordare cosa ha fatto da quando è arrivata alla stazione.**

Não se preocupe, tenho certeza de que encontrará!
Tente lembrar o que você fez desde que chegou à
estação.

La turista Quando sono arrivata alla stazione, alle dieci,
avevo la valigia con me. Sono venuta direttamente
all'ufficio Cambio perchè avevo bisogno di soldi
per comprare il biglietto del treno. Mentre facevo
la fila allo sportello, la valigia era accanto a me. Ma
quando ho cambiato i soldi e sono andata alla
biglietteria, mi sono accorta che non l'avevo più.
Sono sicura che l'ho lasciata qui!
Quando cheguei à estação, às dez, a mala estava comigo. Eu vim direto à casa de câmbio porque precisava de dinheiro para comprar a passagem de trem. Enquanto eu estava na fila do guichê, a mala estava ao meu lado. Mas, quando troquei o dinheiro e fui à bilheteria, dei-me conta de que a mala não estava mais comigo. Tenho certeza de que a deixei aqui!

Il turista Guardi, c'è una valigia là, accanto alle scale. È per
caso la sua?
Olhe, há uma mala ali, perto da escada. É a sua por acaso?

La turista No, la mia è molto più piccola. E anche il colore è
diverso.
Não, a minha é muito menor. E a cor também é diferente.

Il turista Forse sarebbe meglio andare a vedere all'ufficio
Oggetti Smarriti. Guardi, è laggiù in fondo.
Talvez seja melhor ir verificar no setor de achados e perdidos. Olhe, é ali atrás.

La turista Sì, ma prima di andare voglio dare un'occhiata in
giro, per vedere se qualcuno l'ha presa. La mia valigia
era come quella lì sul carrello del portabagagli. Vede,
blu con il manico e la cinghia marrone. Ma quella è
proprio la mia, blu e marrone! Scusi! *(correndo verso
il portabagagli)* Si fermi, per piacere!
Sim, mas antes de ir quero dar uma olhada em volta, para ver se alguém a pegou. A minha mala era como aquela ali no carrinho do carregador. Veja, azul--escuro com alça e correia marrons. Mas aquela é mesmo a minha, azul-escuro e marrom! Com licença! *(correndo em direção ao carregador)* Pare, por favor!

| *Il portabagagli* | Dice a me?
Está falando comigo? |
| *La turista* | Sì, scusi, quella valigia blu sembra la mia! Dove l'ha trovata?
Sim, com licença, essa mala azul-escuro parece com a minha! Onde a encontrou? |
| *Il portabagagli* | L'ho trovata accanto all'ufficio Cambio con tutti gli altri bagagli del gruppo.
Eu a encontrei perto da loja de câmbio, com todas as outras bagagens do grupo. |
| *La turista* | Il gruppo? Quale gruppo? Io non sono con nessun gruppo. Lei si è sbagliato! Ecco il mio passaporto, confronti il mio nome con quello sulla valigia!
Grupo? Que grupo? Eu não estou com nenhum grupo. Você se enganou! Aqui está o meu passaporte, compare o meu nome com aquele na mala! |
| *Il portabagagli* | Ha perfettamente ragione, signorina. Mi scusi! Mi sono proprio sbagliato. Ecco, riprenda la sua valigia.
Tem toda razão, senhorita. Perdão! Eu me enganei mesmo. Aqui, pegue a sua mala de volta. |
| *La turista* | Non fa niente! Anzi, avevo paura di averla persa e sono contenta che Lei l'abbia trovata. Molte grazie!
Sem problema. Pelo contrário, eu estava com medo de tê-la perdido e estou contente que você tenha encontrado. Muito obrigada! |
| *Il portabagagli* | Vede, tutto è bene quel che finisce bene! Posso accompagnarLa al suo treno? Che treno prende?
Viu, está tudo bem quando termina bem! Posso acompanhá-la ao seu trem? Que trem vai pegar? |
| *La turista* | Il treno per Venezia al binario 8.
O trem para Veneza na plataforma 8. |

Alguns minutos depois

| *Il portabagagli* | Ecco il suo treno. Faccia buon viaggio, signorina.
Aí está o seu trem. Faça uma boa viagem, senhorita. |

DOMANDE E RISPOSTE / PERGUNTAS E RESPOSTAS

Dov'è la turista, amica di Paul?
Onde está a turista, amiga de Paul?

È davanti all'ufficio Cambio.
Está na frente da casa de câmbio.

Con chi sta parlando?
Com quem está falando?

Sta parlando con un altro turista.
Está falando com um outro turista.

Ha visto per caso una valigia blu? (formal)
Por acaso você viu uma mala azul-escura?

No, mi dispiace, non l'ho vista.
Não, sinto muito, não a vi.

Ha visto per caso un cappotto marrone? (formal)
Por acaso você viu um casaco marrom?

No, mi dispiace, non l'ho visto.
Não, sinto muito, não o vi.

Cosa ha fatto da quando è arrivata alla stazione? (formal)
O que você fez desde que chegou à estação?

Sono stata prima all'ufficio Cambio e poi alla biglietteria.
Primeiro estive na loja de câmbio e depois na bilheteria.

Aveva la valigia quando è arrivata? (formal)
Estava com a mala quando chegou?

Sì, l'avevo, e poi era accanto a me quando facevo la fila allo sportello.
Sim, estava comigo, e depois estava ao meu lado enquanto eu esperava na fila do guichê.

Cosa ha fatto la turista, quando è arrivata alla stazione?
O que a turista fez quando chegou à estação?

È andata direttamente all'ufficio Cambio e poi alla biglietteria.
Lì si è accorta che aveva perso la valigia.
Foi diretamente à casa de câmbio e depois à bilheteria. Lá ela percebeu que havia perdido a mala.

A che ora è arrivata alla stazione?
A que horas ela chegou à estação?

È arrivata alle dieci.
Chegou às dez.

Perchè è andata all'ufficio Cambio?
Por que ela foi à casa de câmbio?

Perchè aveva bisogno di soldi per comprare il biglietto del treno.
Porque precisava de dinheiro para comprar a passagem de trem.

Lição 15

Com'era la valigia?	**Era piccola.**
Como era a mala?	Era pequena.
Di che colore era?	**Era blu con il manico e la cinghia marrone.**
De que cor era?	Era azul-escura com a alça e a correia marrons.
Chi ha preso la valigia?	**L'ha presa il portabagagli e l'ha messa sul carrello.**
Quem pegou a mala?	O carregador a pegou e a colocou no carrinho de bagagem.
Perchè l'ha presa?	**Perchè era con tutti gli altri bagagli del gruppo.**
Por que ele a pegou?	Porque estava com todas as outras bagagens do grupo.
Dove l'ha trovata?	**L'ha trovata accanto all'ufficio Cambio.**
Onde a encontrou?	Encontrou-a perto da loja de câmbio.
È con quel gruppo la turista?	**No, non è con nessun gruppo.**
A turista está com aquele grupo?	Não, ela não está com nenhum grupo.
Dove va la turista?	**Va a Venezia.**
Aonde vai a turista?	Vai a Veneza.
Da che binario parte il treno per Venezia?	**Parte dal binario 8.**
De qual plataforma parte o trem para Veneza?	Parte da plataforma 8.

PAROLE DA RICORDARE / PALAVRAS QUE VOCÊ DEVE LEMBRAR

na frente do escritório	davanti all'ufficio
por acaso	per caso
Não sei o que fazer.	Non so come fare./ Non so cosa fare.
É terrível!/ É péssimo!	È tremendo!
tudo o que eu tinha	tutto quello che avevo
todos os meus pertences	tutti i miei effetti personali
Eu perdi a mala.	Ho perso la valigia.

Lição 15

Eu perdi o trem.	Ho perso il treno.
Eu perdi tempo.	Ho perso tempo.
Tenho certeza.	Sono sicuro.
Tente lembrar.	Cerchi di ricordare.
Espero na fila./ Estou na fila.	Faccio la fila.
Preciso de dinheiro para a passagem.	Ho bisogno di soldi per il biglietto.
Eu entendi/me dei conta	Ho capito/mi sono accorto
por ali/ali embaixo/ali no fundo	laggiù in fondo
perto da escada	accanto alle scale
É bem menor.	È molto più piccolo.
A cor é diferente.	Il colore è diverso.
seria melhor	sarebbe meglio
setor de achados e perdidos	Ufficio Oggetti Smarriti
dar uma olhada em volta	guardare in giro/dare un'occhiata in giro
Está falando comigo?	Dice a me? (formal)
Está falando comigo?!	Dici a me? (informal)
Pare, por favor!	Si fermi, per piacere! (formal)
Pare, por favor!	Fermati, per piacere! (informal)
Pode parar por um momento?	Può fermarsi un momento? (formal)
Pode parar por um momento?	Puoi fermarti un momento? (informal)
Eu me enganei.	Mi sono sbagliato/sbagliata.
Tem toda a razão.	Ha perfettamente ragione. (formal)
Tem toda a razão.	Hai perfettamente ragione. (informal)

Lição 15

Você está errado.	Ha torto. (formal)
Você está errado.	Hai torto. (informal)
Sem problema./ Não é nada.	Non fa niente./ Non è niente.
pelo contrário	anzi/al contrario
Eu estava com medo de tê-lo perdido.	Avevo paura di averlo perduto.
De qual plataforma o trem parte?	Da che binario parte il treno?
Que plataforma?	Che binario?
Boa viagem!	Buon viaggio!

GRAMMATICA / GRAMÁTICA

1. L'IMPERFETTO / O IMPERFEITO

Os verbos *era*, *avevo* e *facevo* estão todos conjugados no tempo verbal chamado *imperfetto*.

Quase todos os verbos formam o pretérito imperfeito com o acréscimo das terminações *-vo*, *-vi*, *-va*, *-vamo*, *-vate* e *-vano* ao infinitivo sem o final *-re*.

Por exemplo:

amare (amar)	ama-vo
mettere (colocar/pôr)	mette-vo
partire (partir/sair)	parti-vo

No entanto, há algumas exceções a essa regra. Alguns verbos irregulares recebem essas mesmas terminações no *imperfetto*, mas as terminações são acrescentadas a uma forma expandida do infinitivo. Por exemplo:

fare (fazer)	face-vo
dire (dizer)	dice-vo
bere (beber)	beve-vo

O *pretérito imperfeito* de *essere* também é irregular:

ero	eravamo
eri	eravate
era	erano

Dieci anni fa io ero uno studente all'università.
tu eri uno studente.
Giulio era uno studente.
noi eravamo studenti.
voi eravate studenti.
Giulio e Anna erano studenti.

O *imperfeito* é usado nos seguintes contextos:

(a) para mostrar que duas ações estavam acontecendo ao mesmo tempo no passado:

Mentre Anna leggeva, Giulio guardava la televisione.
Enquanto Anna lia, Giulio assistia à televisão.

(b) para mostrar que uma ação estava acontecendo quando uma segunda ação ocorreu:

Anna leggeva quando è arrivato Giulio.
Anna estava lendo quando Giulio chegou.

(c) para indicar uma ação habitual no passado.

Quando abitavo a Roma, uscivo con gli amici tutte le sere.
Quando eu morava em Roma, eu saía com amigos todas as noites.

Di solito non facevo colazione, prendevo un caffè prima di uscire di casa.
Eu, geralmente, não tomava café da manhã, tomava (tomar) um café antes de sair de casa.

(d) para expressar uma ação que durou um tempo não especificado no passado. Quando o tempo é especificado, deve-se usar o **passato prossimo**.

Compare as frases abaixo:

Volevo vederla, ma non avevo tempo.
Eu queria vê-la, mas não tinha tempo.

Ieri l'ho incontrata e le ho parlato.
Ontem eu a encontrei e falei-lhe.

Speravo di incontrarla, ma non l'ho vista tutto il giorno.
Eu esperava encontrá-la, mas não a vi o dia inteiro.

Lição 15

(e) para explicar uma situação ou fazer um pedido de maneira cortês:

Perchè hai chiesto un prestito? Perchè volevo comprare una casa.
Por que pediu um empréstimo? Porque eu queria comprar uma casa.

Desideravo chiederti un favore.
Eu gostaria de lhe pedir um favor.

2. PRIMA DI, SENZA, INVECE DI + INFINITO / ANTES DE, SEM, EM VEZ DE + INFINITIVO

Você prestou atenção às expressões: **prima di andare/prima di uscire di casa**?

Em italiano, **prima di** (antes de), **senza** (sem) e **invece di** (em vez de) são acompanhadas do infinitivo, assim como acontece em português.

Anna ha incontrato Giulio prima di partire per Boston.
Anna encontrou Giulio antes de ir a Boston.

Anna esce di casa senza fare colazione.
Anna sai de casa sem tomar café da manhã.

Invece di ritornare a Roma, Giulio vuole restare a Milano.
Em vez de voltar a Roma, Giulio quer ficar em Milão.

VOCABOLARIO / VOCABULÁRIO

perdere, smarrire: perder (p. ex., um objeto), extraviar
perdere, sprecare: perder, desperdiçar (p. ex., tempo, dinheiro)
perdere: perder (p. ex., o ônibus, o trem)
perdersi: perder-se
accorgersi: perceber, dar-se conta de
fare la fila: esperar na fila, fazer uma fila
guardare in giro/dare un'occhiata in giro: olhar em volta, dar uma olhada em volta
fermarsi: parar
salutare: cumprimentar/saudar
arrabbiarsi: ficar com raiva, ter raiva
giocare: jogar, brincar
giocare a calcio: jogar futebol
sbagliarsi: enganar-se, errar
avere ragione: ter razão, estar certo
avere torto: estar errado
confrontare: comparar
correre: correr
sembrare: parecer, assemelhar-se
temere, avere paura: temer, ter medo
Mi rincresce/ Mi dispiace, ma è uscito.: Sinto muito, mas ele saiu.

perdita: perda, prejuízo
prestito: empréstimo
effetti personali: pertences, objetos pessoais
biglietteria: bilheteria
Ufficio Oggetti Smarriti: Setor de achados e perdidos
ufficio Cambio: casa de câmbio
sportello: guichê
binario: plataforma (de trem)
soldi (plural): dinheiro
scale: escada, escadaria
società: sociedade, empresa
ditta: firma, empresa
carrello: carrinho
manico: alça (de bolsa, mala)
cinghia: correia
portabagagli: carregador (funcionário que carrega malas etc.)
zaino: mochila
gruppo: grupo
fila: fila
per caso: por acaso
accanto a: ao lado de, perto de
vicino a: perto de
laggiù: ali, por ali, lá embaixo
chiuso/chiusa: fechado/fechada
aperto/aperta: aberto/aberta
direttamente: direto, diretamente
completamente, perfettamente: completamente, perfeitamente, absolutamente
diverso/diversa: diferente, diverso/diversa
agitato/agitata: agitado/agitada
preoccupato/preoccupata: preocupado/preocupada
rilassato/rilassata: relaxado/relaxada
gentile: gentil, educado/educada
sgarbato/sgarbata: rude, grosseiro/grosseira, mal-educado/mal-educada
anzi: ao contrário, pelo contrário
perché: por que, porque

ESERCIZI / EXERCÍCIOS

Escreva a forma correta do *imperfetto* em cada uma das frases seguintes:

Ex.:
Giulio e Paulo **parlavano** di politica. (parlare)

1. Quando i Valli erano a Roma, Anna li _____ in giro per la città. (portare)

Lição 15

2. Anna _____ il caffè e il tè con la focaccia a tutti.
   (offrire)

3. Quando abitavo in campagna, _____ bene.
   (dormire)

4. Quando eravamo al mare, _____ molti bagni.
   (fare)

5. Tutti gli inverni Paul _____ a sciare. (andare)

6. Quando lavoravano per quella ditta, _____ l'autobus ogni mattina alle 7.30. (prendere)

7. Prima di fare la dieta, io _____ molto. (mangiare)

8. Quando erano bambini, i miei figli _____ a calcio.
   (giocare)

9. Quando eravamo all'università, ci _____ molto.
   (divertire)

10. Giulio _____ sempre a Roma per i fine settimana.
    (venire)

Exercício B

Responda às perguntas (a) – (k) usando as desculpas da lista abaixo e o *imperfetto*. Use cada expressão uma única vez:

non avere voglia: não ter vontade, não estar a fim
avere sonno: estar com sono, ter sono
essere stanco/stanca: estar cansado/cansada
avere da fare: ter coisas a fazer
stare male: estar doente, não estar bem
essere caro: ser caro
non avere soldi: não ter dinheiro
essere difficile: ser difícil
avere fame: ter fome
avere sete: ter sede
essere arrabbiato: estar com raiva
avere fretta: ter pressa

Ex.:
Perché sei stato sgarbato?
Sono stato sgarbato perchè ero arrabbiato.
Por que você foi grosseiro? Fui grosseiro porque estava com raiva.

(a) Perché Anna non è uscita? _____

(b) Perché Paulo non ha pagato il conto? _____

(c) Perché non siete andati al cinema con gli amici?
_____

(d) Perché avete mangiato tutti i dolci? _____

(e) Perché non hai fatto l'esercizio? _____

(f) Perché non hai comprato quel bel vestito?
_____

(g) Perché Carla è andata a letto presto?
_____

(h) Perché avete bevuto tutto il succo d'arancia?
_____

(i) Perché Anna è rimasta in ufficio? _____

(j) Perché Marco non ha bevuto il caffè?
_____

(k) Perché correvi? _____

Exercício C

Escreva **prima di**, **senza** ou **invece di** antes dos verbos no infinitivo conforme o contexto:

1. Anna è andata in giro per i negozi _____ comprare niente.

2. Giulio le ha telefonato _____ partire per Milano.

3. Pioveva, ho preso l'impermeabile _____ mettere il cappotto.

4. Mi sono sbagliato, ho bevuto un tè _____ bere un caffè.

5. Era arrabbiata ed è uscita _____ salutare.

6. Paulo ha fatto una telefonata _____ uscire di casa.

7. Faccio colazione _____ andare in ufficio.

Visite <http://www.berlitzpublishing.com> para atividades extras na internet – vá à seção de downloads e conecte-se com o mundo em italiano!

Lição

16 RIVEDIAMO LE LEZIONI DA 13 A 15
VAMOS REVISAR AS LIÇÕES DE 13 A 15

Diálogo 13   MI INDICA LA STRADA?

Una turista, amica di Paul, è venuta a Milano. Non riesce a trovare la strada che cerca, e chiede indicazioni a un vigile urbano.

La turista   Scusi!

Il vigile   Sì, mi dica!

La turista   Vorrei andare alla *Pinacoteca di Brera*. Mi indica la strada, per favore?

Il vigile   Certo, signorina. Allora, vediamo...vada in Piazza Duomo. A sinistra del Duomo c'è la Galleria. Entri in Galleria e la percorra, si troverà in Piazza della Scala. A destra del teatro La Scala c'è via Brera. Dopo cento metri, alla sua destra, troverà la pinacoteca.

La turista   Bene, grazie, penso di avere capito. Allora attraverso la Galleria e a destra del teatro trovo

168

Lição 16

	via Brera. Ma come faccio ad arrivare in Piazza Duomo da qui? È lontano?
Il vigile	Beh, è una bella passeggiata! Se vuole può andare in metropolitana o con l'autobus.
La turista	No, preferisco camminare. Quanto è distante a piedi?
Il vigile	Saranno circa seicento metri. Deve andare diritto per corso Venezia fino a raggiungere piazza San Babila. Poi attraversi la piazza e imbocchi corso Vittorio Emanuele. Risalga il corso e vedrà alla sua sinistra il Duomo e alla sua destra la Galleria.
La turista	Allora vado diritto fino a San Babila e poi giro per corso Vittorio Emanuele e così arrivo al Duomo. È giusto?
Il vigile	Giustissimo, signorina. Buona passeggiata!

Diálogo 14   UNA CHIACCHIERATA

Questo pomeriggio il professor Valli e Paul sono andati a trovare Anna Alberti nel suo nuovo appartamento. I nostri amici sono seduti nel soggiorno e Anna serve il caffè.

Anna	Prendi ancora del caffè, Paul?
Paul	Sì, grazie. Il caffè italiano è così buono!
Anna	Ma è anche molto forte. Per questo lo prendo sempre con un po' di latte. E Lei, professor Valli, prende un po' di caffe?
Il prof. Valli	No, grazie. Non ne prendo mai. Mi fa male!
Anna	Le preparo un tè, allora. Prenda intanto un pezzo di focaccia: è buona e croccante. Serviti anche tu, Paul. So che la focaccia ti piace. Quanto tempo vi fermate a Roma?
Il prof. Valli	Ci fermiamo ancora due giorni, poi ripartiamo per Milano.
Anna	Ho sentito che Lei e sua moglie avete fatto un lungo giro per l'Europa, non è vero?
Il prof. Valli	Sì, abbiamo visitato tutte le più belle città europee. Siamo stati a Parigi, Vienna, Londra. Siamo stati in vacanza per più di tre settimane. Ma sono contento di aver avuto anche l'opportunità di rivederLa, Anna.

Lição 16

    Anna   Siete sempre così gentili con me! Ma venite a vedere l'appartamento: è piccolo ma molto comodo.

             (*mostrando le stanze*) Accanto al soggiorno c'è la camera da letto con il bagno e una stanzetta che mi serve da studio. Ho dipinto tutto in giallo e blu perchè sono i miei colori preferiti.

    Paul   È tutto molto bello e allegro, anche l'arredamento. Ti sei fatta aiutare da un architetto?

    Anna   Sì, un po'. Ma soprattutto mi sono fidata del mio gusto. Ecco, questa è la cucina e di fronte c'e una stanza per gli ospiti.

    Paul   Complimenti, è un bell'appartamento! Chissà, forse ritornerò presto a Roma per qualche lieto evento.

Diálogo 15   TUTTO È BENE QUEL CHE FINISCE BENE

La turista, amica di Paul, è alla stazione di Milano. È davanti all'ufficio Cambio e sta parlando con un altro turista.

    La turista   Scusi, ha visto per caso una valigia blu? L'ho lasciata qui circa dieci minuti fa.

    Il turista   Qui? No, mi dispiace, non l'ho vista.

    La turista   Ho perso la valigia, non so come fare. È tremendo!
    (agitata)   Tutto quello che avevo era in quella valigia.

    Il turista   Non si preoccupi, sono sicuro che la ritroverà! Cerchi di ricordare cosa ha fatto da quando è arrivata alla stazione.

    La turista   Quando sono arrivata alla stazione, alle dieci, avevo la valigia con me. Sono venuta direttamente all'ufficio Cambio perchè avevo bisogno di soldi per comprare il biglietto del treno. Mentre facevo la fila allo sportello, la valigia era accanto a me. Ma quando ho cambiato i soldi e sono andata alla biglietteria, mi sono accorta che non l'avevo più. Sono sicura che l'ho lasciata qui!

    Il turista   Guardi, c'è una valigia là, accanto alle scale. È per caso la sua?

    La turista   No, la mia è molto più piccola. E anche il colore è diverso.

Il turista	Forse sarebbe meglio andare a vedere all'ufficio Oggetti Smarriti. Guardi, è laggiù in fondo.
La turista	Sì, ma prima di andare voglio dare un'occhiata in giro, per vedere se qualcuno l'ha presa. La mia valigia era come quella lì sul carrello del portabagagli. Vede, blu con il manico e la cinghia marrone. Ma quella è proprio la mia, blu e marrone! Scusi! (*correndo verso il portabagagli*) Si fermi, per piacere!
Il portabagagli	Dice a me?
La turista	Sì, scusi, quella valigia blu sembra la mia! Dove l'ha trovata?
Il portabagagli	L'ho trovata accanto all'ufficio Cambio con tutti gli altri bagagli del gruppo.
La turista	Il gruppo? Quale gruppo? Io non sono con nessun gruppo. Lei si è sbagliato! Ecco il mio passaporto, confronti il mio nome con quello sulla valigia!
Il portabagagli	Ha perfettamente ragione, signorina. Mi scusi! Mi sono proprio sbagliato. Ecco, riprenda la sua valigia.
La turista	Non fa niente! Anzi, avevo paura di averla persa e sono contenta che Lei l'abbia trovata. Molte grazie!
Il portabagagli	Vede, tutto é bene quel che finisce bene! Posso accompagnarLa al suo treno? Che treno prende?
La turista	Il treno per Venezia al binario 8.

Alguns minutos depois

Il portabagagli	Ecco il suo treno. Faccia buon viaggio, signorina.

TEST DI REVISIONE / TESTE DE REVISÃO

Um conhecido italiano pede a sua permissão para fazer algumas coisas. Dê-lhe permissão e motivação de forma cortês, usando o tratamento Lei e o imperativo formal.
Em algumas das respostas, você precisará substituir os objetos diretos ou indiretos das perguntas pelos respectivos pronomes oblíquos. As palavras que você precisa substituir estão sublinhadas:

Exercício A

Lição 16

Ex.:
Posso uscire?
Prego, esca pure!
Posso leggere questo libro?
Prego, lo legga pure!
Posso andare al cinema?
Prego, ci vada pure!
Posso scrivere una lettera al capoufficio?
Prego, gliela scriva pure!

1. Posso aspettare all'uscita? _____

2. Posso attraversare la piazza? _____

3. Posso parlare al capoufficio? _____

4. Posso comprare il giornale a suo padre? _____
_____

5. Posso prendere questo autobus? _____
_____

6. Posso prendere un succo d'arancia? _____
_____

7. Posso spedire queste lettere? _____

8. Posso ascoltare la musica? _____

9. Posso accendere il televisore? _____

10. Posso fumare? _____

11. Posso andare all'ufficio postale? _____
_____

12. Posso portare il vino? _____

13. Posso comprare la frutta? _____

14. Posso telefonare? _____

15. Posso guardare le fotografie? _____

16. Posso mandare questo pacco? _____

17. Posso invitare a cena i suoi genitori?
_____

18. Posso cambiare i dollari? _____

19. Posso percorrere questa strada?
_____

20. Posso entrare? _____
21. Posso venire nel suo ufficio? _____
22. Posso prenotare l'albergo? _____
23. Posso comprare le rose a Laura?
_____

24. Posso percorrere la galleria? _____
25. Posso girare a destra? _____
26. Posso finire gli esercizi? _____
27. Posso ripetere la lezione? _____
28. Posso raccontare il film? _____
29. Posso rivedere gli appunti? _____
30. Posso portar un regalo al bambino?
_____

31. Posso prendere i biglietti per il teatro?
_____

32. Posso andare a Roma domani?
_____

33. Posso cercare le parole sul vocabolario?
_____

Exercício B

Reescreva as frases abaixo usando o **imperfetto** ou o **passato prossimo**:

Ex.:
Ogni mattina mi alzo, mi lavo, mi vesto, faccio colazione e vado in ufficio.
Ieri mattina mi sono alzato, mi sono lavato, mi sono vestito, ho fatto colazione e sono andato in ufficio.

Quando lavoro molto, la sera non ho voglia di uscire.
Quando lavoravo molto, la sera non avevo voglia di uscire.

1. Di solito mi addormento davanti al televisore.
   Quando abitavo da solo
   _____

Lição 16

2. Abitualmente faccio una passeggiata dopo cena.
   Quando abitavo a Roma

3. Quando sono in compagnia mangio, bevo e fumo molto.
   Ieri ero in compagnia

4. Non compro CD perchè non ho più soldi, li ho finiti tutti.
   Ieri ero in un negozio di musica ma non

5. Non spedisco i pacchi perchè non ho i francobolli.
   Ieri mattina ero all'ufficio postale ma non

6. Non gli presto il libro perchè non ce l'ho più, l'ho perso.
   Quando me l'ha chiesto non

7. Non pago il conto perchè non ho il portafoglio, non lo trovo più.
   Ieri al ristorante non

8. Stasera non vengo a cena con te, perchè sono molto occupata.
   Ieri sera non

9. Vado a Parigi e ritorno sabato.
   La settimana scorsa

10. Tutte le mattine mi sveglio tardi e perdo l'autobus.
    Quando lavoravo in Italia

11. Oggi compro il giornale e lo leggo dopo pranzo.
    Ieri

12. Quando vado in biblioteca trovo gli studenti che studiano e fanno le loro ricerche.
    Quando lavoravo a Harvard

13. Compro le riviste di moda e le guardo con Anna nel pomeriggio.
    Quando abitavo con Anna

    _____

14. Stasera siamo stanchi e abbiamo sonno, guardiamo la televisione e poi andiamo a letto.
    Ieri sera

    _____

15. Ogni volta che vai in biblioteca una signorina molto gentile ti aiuta a trovare i libri.
    Quando eri all'Università

    _____

16. Quando facciamo dei viaggi, portiamo solo una borsa e una valigia.
    Quando eravamo più giovani e

    _____

17. Vado spesso all'estero e preferisco viaggiare in aereo.
    Quando lavoravo per l'Alitalia

    _____

18. Tutte le volte che ti accompagno alla stazione facciamo sempre la stessa strada.
    Quando venivi a trovarmi

    _____

19. Dico agli studenti di preparare la relazione.
    Ieri

    _____

20. Ogni domenica mangio gli spaghetti e l'arrosto con le patate.
    Quando ero in Italia

    _____

21. Faccio le fotografie ai bambini e le mando a tutti i parenti.
    Quando i miei figli erano piccoli

    _____

22. Tutti i sabati i miei amici organizzano delle feste.
    L'anno scorso

    _____

Lição 16

23. Tutte le domeniche andiamo a vedere la partita di calcio.
    Quando abitavamo in Italia

24. Gli telefono ma non lo trovo.
    La settimana scorsa

25. Mi incontra ma non mi saluta mai.
    Quando abitavamo nella stessa città

26. Lo chiamo ma non risponde.
    Ieri quando

27. Vedo gli studenti e li saluto da parte tua.
    Quando sono andato all'Università

28. Incontro gli studenti e mi fermo a parlare con loro.
    Quando andavo all'Università

29. In macchina faccio dei lunghi viaggi e controllo sempre il motore prima di partire.
    Quando avevo la macchina

Exercício C

Responda às perguntas a seguir substituindo as palavras sublinhadas por um pronome oblíquo, conforme o contexto. Lembre-se de atentar para a concordância do particípio com o objeto direto:

Observe que, nas respostas, você deve usar as formas correspondentes a *me/a mim/nos/a nós* às perguntas que contêm **ti**, **vi**, ou **Le**.

Ex.:
Chi ti ha regalato le rose?
Me le hanno regalate i miei amici.
Chi vi ha servito la colazione?
Ce l'ha servita il cameriere.
Chi Le ha portato questo regalo?
Me l'ha portato un mio amico.
Chi ha accompagnato Anna al cinema?
Ce l'ha accompagnata Giulio.

Lição 16

1. Chi ha mandato i fiori ad Anna? (Giulio)
   _____

2. Chi ti ha mandato questa cartolina? (Paulo)
   _____

3. Chi vi ha consigliato questo albergo? (i miei amici)
   _____

4. Chi vi ha venduto i biglietti? (il bigliettaio)
   _____

5. Chi Le ha cambiato le sterline? (il cassiere della banca)
   _____

6. Chi ha invitato Anna e Giulio a pranzo? (i loro amici)
   _____

7. Chi Le ha dato il mio numero di telefono? (la sua segretaria)
   _____

8. Chi vi ha dato queste informazioni? (l'impiegato)
   _____

9. Chi ci ha mandato questo fax? (il nostro cliente Mr. Brown)
   _____

10. Chi vi ha indicato la strada? (il vigile)
    _____

11. Chi ha offerto a Paulo una birra? (noi)
    _____

12. Chi ti ha portato questo vino? (Giulio)
    _____

13. Chi ha offerto la focaccia a Paulo? (Anna)
    _____

14. Chi ha invitato i Valli? (Anna) _____
15. Chi ha mostrato l'appartamento ai Valli? (Anna)
    _____

16. Chi ha ritrovato la valigia alla turista? (il portabagagli)
    _____

177

Lição 16

17. Chi ha accompagnato Anna a casa? (Giulio)
_____

18. Chi ha portato i tuoi amici a teatro? (io)
_____

Exercício D

Complete o texto abaixo colocando os verbos entre parênteses no **passato prossimo**:

Paulo (**lasciare:** _____) il suo appartamento a Milano ed (**ripartire:** _____) per Boston. Prima di trasferirsi (**andare:** _____) alla Banca Commerciale e (**cambiare:** _____) dei soldi. (**Parlare:** _____) anche con il direttore, che (**accettare:** _____) di trasferirgli il conto su una banca americana. Arrivato a Boston, (**cercare:** _____) una casa vicino all'università e l' (**arredare:** _____) con cura. Al primo piano dello stesso edificio (**aprire:** _____) uno studio di consulenza commerciale e si (**mettere:** _____) in società con alcuni compagni di università.

Exercício E

Reescreva as frases e expressões abaixo no plural e, quando houver, use os sujeitos dados entre parênteses:

Ex.:
Conosco un giornalista famoso.
Conosciamo dei giornalisti famosi.

Ho incontrato la tua amica e l'ho invitata a cena.
Abbiamo incontrato le tue amiche e le abbiamo invitate a cena.

1. Anna non è potuta entrare in casa perché non aveva la chiave. (Anna e Giulio)
_____

2. Quel mio amico inglese è partito ieri ma mi ha promesso che mi scriverà.
_____

3. Ieri la banca era chiusa. _____

4. Ho visto una bella giacca bianca e voglio comprarla.
_____

5. Vado all'ufficio postale a spedire un pacco e a mandare una lettera.
   _____

6. Ti piace questo panino con formaggio e prosciutto?
   _____

7. Lo studente non capisce la spiegazione di questo problema.
   _____

8. Non mi è piaciuto lo spettacolo che ho visto con Paulo.
   _____

9. Non mi ricordo come si chiama la città tedesca che ho visitato.
   _____

10. Non hai fatto l'esercizio più difficile e non hai studiato la lezione nuova.
    _____

11. Ha comprato un bell'appartamento e l'ha arredato con cura. (Gli agenti immobiliari)
    _____

12. Preferisco passare il fine settimana al mare.
    _____

Visite <http://www.berlitzpublishing.com> para atividades extras na internet – vá à seção de downloads e conecte-se com o mundo em italiano!

Lição

17   A PROPOSITO DI VITA NOTTURNA
FALANDO EM VIDA NOTURNA

Siamo alla Casa dello Studente, a Milano. Paul è nella sua stanza e parla con un suo compagno d'università, Arturo.
Estamos em uma residência estudantil, em Milão. Paul está em seu quarto e fala com um colega da universidade, Arturo.

Paul   **So che tu, Arturo, vieni da un piccolo paese del sud d'Italia. Si fa anche lì la stessa vita frenetica che facciamo qui a Milano?**
Sei que você, Arturo, é de uma pequena cidade do sul da Itália. Lá também se leve a mesma vida frenética que vivemos aqui em Milão?

Arturo   **Penso di sì, ma la gente ha più tempo di curare i rapporti interpersonali.**
Acho que sim, mas as pessoas têm mais tempo para cuidar das relações interpessoais.

Paul   **Questo è positivo. Ma a che ora vanno a letto la sera?**
Isso é positivo. Mas a que horas vão dormir à noite?

Lição 17

Arturo   Vanno a letto più tardi che a Milano, soprattutto
d'estate. Si cena tardi, anche dopo le nove di sera.
Poi si esce con gli amici, si va al cinema o in
discoteca. Oppure si va semplicemente in giro. Nei
piccoli paesi si riuniscono nella piazza principale:
il tempo è quasi sempre bello e si può stare a
chiacchierare anche all'aperto.
Vão dormir mais tarde do que em Milão, principalmente
no verão. Janta-se tarde, até mesmo depois das nove
da noite. Depois se sai com os amigos, vai-se ao
cinema ou à danceteria. Ou então se vai simplesmente
dar uma volta. Nas cidades pequenas, as pessoas se
reúnem na praça principal: o tempo é quase sempre
bom, e dá para ficar conversando ao ar livre.

Paul   Stupendo! La prossima volta che vai a casa voglio
venire con te e incontrare i tuoi amici. Ma a proposito
di vita notturna, cosa facciamo stasera?
Maravilha! Da próxima vez que você for para casa, quero ir com você e conhecer os seus amigos. Mas, falando
em vida noturna, o que vamos fazer hoje à noite?

Arturo   Guarda, ho appena comprato il *Corriere della Sera*.
Diamo un'occhiata alla pagina degli spettacoli e
vediamo cosa c'è. Poi decidiamo.
Olha, acabei de comprar o *Corriere della Sera*. Vamos
dar uma olhada na seção de espetáculos e ver o que
há. Depois decidimos.

Paul   *(guardando il giornale)* Ci sono molti film
interessanti da vedere. Quello che danno al
cinema Ducale sembra divertente. Tu che ne pensi?
(olhando o jornal) Há muitos filmes interessantes para
ver. O que está passando no cinema Ducale parece
divertido. O que você acha?

Arturo   Penso che vada bene. Ma perchè non telefoniamo
ad alcune ragazze del nostro corso e vediamo se
vogliono venire con noi?
Acho que seja bom. Mas por que não ligamos para
algumas garotas do nosso curso e vemos se querem ir
conosco?

Paul   Buona idea! Telefoniamo alle ragazze e lasciamo
decidere a loro!
Boa ideia! Vamos ligar para as garotas e deixar para
elas decidirem!

181

DOMANDE E RISPOSTE / PERGUNTAS E RESPOSTAS

Dove sono Paul e Arturo?
Onde estão Paul e Arturo?

Sono nella stanza di Paul alla Casa dello Studente di Milano
Estão no quarto de Paul na residência estudantil, em Milão.

Di dov'è Arturo?
De onde é Arturo?

È del sud d'Italia.
É do sul da Itália.

Di che cosa parlano i due giovani?
De que falam os dois jovens?

Parlano dei diversi modi di vita nel sud d'Italia.
Falam dos diversos estilos de vida no sul da Itália.

Com'è la vita al sud?
Como é a vida no sul?

La gente ha più tempo di curare i rapporti interpersonali.
As pessoas têm mais tempo para cuidar das relações interpessoais.

A che ora si cena?
A que horas se janta?

Si cena dopo le nove di sera.
Janta-se depois das nove da noite.

A che ora vanno a letto la sera?
A que horas as pessoas vão dormir à noite?

Generalmente più tardi che al nord.
Geralmente mais tarde do que no norte.

Che cosa si fa dopo cena?
O que se faz depois do jantar?

Si esce con gli amici: si va al cinema o in discoteca. Oppure si va semplicemente in giro per la città.
Sai-se com os amigos: vai-se ao cinema ou à danceteria. Ou então se vai simplesmente dar uma volta pela cidade.

Cosa fanno i giovani nei paesi più piccoli del sud?
O que os jovens fazem nas pequenas cidades do sul?

La sera si riuniscono nella piazza principale della città e stanno a chiacchierare all'aperto.
À noite, eles se reúnem na praça principal da cidade e ficam conversando ao ar livre.

Cosa fanno Paul e Arturo stasera?
O que Paul e Arturo fazem esta noite?

Escono con delle ragazze del loro corso.
Saem com algumas garotas do curso deles.

Che cosa leggono prima di decidere dove andare?
O que eles leem antes de decidir aonde ir?

Leggono la pagina degli spettacoli del *Corriere della Sera*.
Leem a seção de espetáculos do *Corriere della Sera*.

Chi decide dove andare stasera?
Quem decide aonde ir hoje à noite?

Decidono le ragazze.
As garotas decidem.

PAROLE DA RICORDARE / PALAVRAS QUE VOCÊ DEVE LEMBRAR

colega da universidade	compagno d'università
vida frenética	vita frenetica
aproveitar a vida	godersi la vita
Parece divertido	Sembra divertente.
reunião de família	riunione di famiglia
da próxima vez	la prossima volta
da vez passada/da última vez	la volta scorsa/l'ultima volta
Falando em...	A proposito di...
ao ar livre	all'aperto
praça principal	piazza principale
(Que) Maravilha!/ Excelente!	Stupendo!
seção de espetáculos	pagina degli spettacoli
O que você acha?	Che ne pensi?
As garotas vão conosco?	Vengono con noi le ragazze?
A escolha é sua.	La scelta è tua. (informal) La scelta è sua. (formal)
Cabe a você decidir.	La decisione spetta a te. (informal) La decisione spetta a Lei. (formal)

183

GRAMMATICA / GRAMÁTICA

1. **IL PRONOME SI / O PRONOME SI (PRONOME REFLEXIVO OU IMPESSOAL)**

Você prestou atenção às frases abaixo?

> Si fa anche lì una vita frenetica.
>
> Si cena tardi.
>
> Si esce la sera.
>
> Si va al cinema.
>
> Si va in giro.
>
> Si riuniscono.
>
> Si può stare all'aperto.

O pronome si tem dois usos principais em italiano e é semelhante ao pronome *se* em português:

1. Pronome reflexivo: Pode ser um pronome reflexivo de terceira pessoa quando seguido de um verbo reflexivo (o sujeito pratica e sofre a ação ao mesmo tempo).

Paulo si lava le mani prima di andare a tavola per il pranzo.
Paulo lava as (suas) mãos antes de se sentar à mesa para o almoço.

I giovani si riuniscono nella piazza principale della città.
Os jovens se reúnem na praça principal da cidade.

2. Pronome impessoal: Pode ser usado em expressões impessoais com um verbo na terceira pessoa (do singular ou plural).

Si lavano le mani prima di andare a tavola per il pranzo.
Lava-se as mãos antes de comer.

Si pubblicano molti giornali a Milano. Anche il *Corriere della Sera* si pubblica lì.
Publica-se muitos jornais em Milão. Lá se publica também o *Corriere della Sera*.

Si può stare all'aperto.
Pode-se ficar ao ar livre.

2. I COMPARATIVI / OS COMPARATIVOS (O GRAU COMPARATIVO)

O diálogo do início desta lição contém algumas frases *comparativas*:

La vita è *più* frenetica nelle città del nord.
La gente ha *più* tempo di curare i rapporti interpersonali.
Il tempo è *più* bello al sud *che* al nord.

Em italiano, os comparativos são formados usando più (*mais*) ou meno (*menos*) antes do adjetivo.

> **più + adjetivo:**
> **più bello:** mais bonito, mais legal
> **più lungo:** mais longo, mais comprido
> **più grande:** maior
> **più frenetico:** mais frenético
> **più nuovo:** mais novo
> **meno + adjetivo:**
> **meno bello:** menos bonito, menos legal
> **meno difficile:** menos difícil
> **meno caro:** menos caro
> **meno frenetico:** menos frenético
> **meno importante:** menos importante

O adjetivo comparativo é seguido pela preposição di:

Questo esercizio è più difficile di quello.
Este exercício é *mais difícil do que* aquele.

Questo libro è meno caro di quello.
Este livro é *menos caro do que* aquele.

Mas se a comparação for entre duas palavras do mesmo tipo (por exemplo, dois adjetivos, dois substantivos ou dois verbos), usa-se che em vez de di:

Questo esercizio è più confuso che difficile.
Este exercício é mais confuso do que difícil.

Mi piace leggere più i romanzi che le commedie.
Gosto mais de ler romances do que comédias.

La vita sociale è più importante al sud che al nord.
A vida social é mais importante no sul do que no norte.

3. IL SUPERLATIVO / O SUPERLATIVO (O GRAU SUPERLATIVO)

O *superlativo* em italiano é formado colocando o artigo definido apropriado antes de più ou de meno:

Questo esercizio è il più difficile del libro.
Este exercício é o mais difícil do livro.

Questa macchina è la meno cara.
Este carro é o menos caro.

Il film che danno al cinema Ducale è il più divertente dell'anno.
O filme que está passando no cinema Ducale é o mais divertido do ano.

Observação: Assim como em português, os adjetivos em italiano possuem um grau superlativo absoluto, formado substituindo-se a vogal final do adjetivo por uma destas terminações: -issimo, -issima, -issimi (pl.), -issime (pl.).

Questa commedia è divertentissima!
Esta comédia é divertidíssimo!

Questi esercizi sono difficilissimi!
Estes exercícios são dificílimos!

Quelle macchine sono carissime!
Aqueles carros são caríssimos!

VOCABOLARIO / VOCABULÁRIO

radunare, riunirsi: reunir-se, encontrar-se
curare: cuidar, tomar conta
scegliere: escolher
unirsi a/venire con: juntar-se a/ir com (alguém a algum lugar)
Permette?/ Posso?: Permite-me? (formal)/ Posso?
Posso offrirLe da bere?: Posso oferecer-lhe algo para beber? (formal)
decidere: decidir
sembrare: parecer
somiglia/sembra: assemelha-se/parece
suona meglio: soa melhor
sembra arrabbiato: parece enraivecido/enraivecida
compagno di scuola: colega de escola
compagno di viaggio: colega de viagem
gente: gente, pessoas
decisione: decisão
scelta: escolha
paese: cidade pequena, vilarejo, país
gelato: sorvete
rapporto: relação, relacionamento
divertimento, spettacolo: divertimento, espetáculo

il mondo dello spettacolo: o mundo do entretenimento
vita: vida
divertente, piacevole: engraçado, divertido, prazeroso
comico: cômico
sostanzioso: substancioso, substancial
interpersonale: interpessoal
deciso: decidido, determinado
la prossima volta: a/da próxima vez
l'ultima volta: a/da última vez
la settimana scorsa: a/na semana passada
la settimana prossima: a/na próxima semana
all'aperto: ao ar livre
principale: principal
sociale: social
stupendo: maravilhoso, excelente
generalmente: geralmente
sicuramente/di sicuro: certamente, com certeza
precisamente/proprio così: precisamente, assim mesmo
piuttosto: mais que
abbastanza: bastante, um tanto
proprio: exatamente
perfettamente: perfeitamente
sud: sul
nord: norte
est: leste
ovest: oeste
a proposito (di): a propósito/falando em
di proposito: de propósito, intencionalmente

ESERCIZI / EXERCÍCIOS

Reescreva as frases a seguir no singular impessoal:

Ex.:
Quando siamo studenti impariamo molto.
Quando si è studenti si impara molto.

All'Università studiano molto in biblioteca.
All'Università si studia molto in biblioteca.

1. Durante la lezione parliamo in italiano.

2. In Italia beviamo poco tè, ma molto caffè.

Exercício A

Lição 17

3. Nel nord d'Italia cenano alle otto.

4. In Inghilterra non lavorano il sabato.

5. Nel sud d'Italia vanno a letto tardi la sera.

6. Quando siamo ricchi possiamo comprare quello che vogliamo.

7. Quando il tempo è bello stanno a chiacchierare all'aperto.

8. Andiamo al bar e prendiamo una birra o un gelato.

Exercício B

Várias pessoas lhe perguntam onde podem comprar inúmeras coisas. Responda usando **si compra** ou **si comprano**, conforme o contexto:

Ex.:
Dove compriamo la frutta?
La frutta si compra dal fruttivendolo.
Dove compriamo le mele?
Le mele si comprano dal fruttivendolo.

1. Dove compriamo la carne? (dal macellaio/in macelleria)

2. Dove compriamo i formaggi? (in salumeria)

3. Dove compriamo il pane? (in panetteria)

4. Dove compriamo i giornali? (dal giornalaio/in edicola)

5. Dove compriamo i francobolli? (dal tabaccaio)

6. Dove compriamo l'aspirina? (in farmacia)

Complete as frases comparativas abaixo com **di** ou **che**. Lembre-se de fazer a contração da preposição **di** com os artigos definidos que forem dados entre parênteses.

Ex.:
Il treno è più comodo **che** veloce.
Il mio lavoro è più interessante **del** (il) tuo.

1. Quella ragazza è più simpatica _____ bella.
2. Perugia è meno grande _____ Roma.
3. Giulio è più giovane _____ suo fratello.
4. La casa di Anna è più comoda _____ grande.
5. Mi piace il mio lavoro, è più interessante _____ quello che facevo prima.
6. In questa città c'è molto traffico, ci sono più macchine _____ persone.
7. Viaggiare in aereo è più veloce _____ viaggiare in treno.
8. Il treno è più sicuro _____ (la) macchina.
9. Paulo è più gentile _____ Arturo.
10. Questo esercizio è meno difficile _____ quello.
11. I miei studenti sono meno studiosi _____ (i) tuoi.
12. I vini italiani sono più forti _____ quelli francesi.
13. Mi piace più leggere _____ scrivere.
14. Quel film è più divertente _____ comico.

Visite <http://www.berlitzpublishing.com> para atividades extras na internet – vá à seção de downloads e conecte-se com o mundo em italiano!

Lição

18

ANDIAMO A FARE SPESE
VAMOS FAZER COMPRAS

Siamo al secondo piano di un grande magazzino a Milano. Al reparto scarpe un commesso mostra a Paul alcune paia di scarpe di diverso modello e colore.
Estamos no segundo piso de uma grande loja de departamentos em Milão. Na seção de calçados, um vendedor mostra a Paul alguns pares de sapatos de diferentes modelos e cores.

Il commesso **La stanno servendo?**
Estão-lhe atendendo?

Paul **Vorrei provare delle scarpe.**
Gostaria de provar uns sapatos.

Il commesso **Bene. Mi dica, quali vuole provare?**
Pois não. Diga-me, quais você quer provar?

Paul **Quelle lassù, a destra sullo scaffale.**
Aqueles ali em cima, à direita, na prateleira.

Il commesso **Va bene. Che misura porta?**
Tudo bem. Que tamanho calça?

Paul **Quarantatré. Possibilmente le vorrei in marrone.**
Quarenta e três*. Acho que vou querer marrom.

*43 equivale a 41 na medida brasileira.

Lição 18

Il commesso   Quarantatré in marrone. Questo modello è stato molto richiesto, non so se ne sia rimasto ancora qualche paio. Attenda un momento, vado a vedere.
Quarenta e três, marrom. Este modelo vendeu muito. Não sei se restam ainda alguns pares. Aguarde um momento, vou ver.

Qualche minuto dopo, il commesso ritorna a mani vuote.
Alguns minutos depois, o vendedor volta de mãos vazias.

Il commesso   Mi dispiace, ma nella sua misura in marrone non ce ne sono più.
Sinto muito, mas do seu tamanho em marrom, não temos mais nenhum.

Paul   E in nero?
E em preto?

Il commesso   No, mi dispiace, non ci sono neppure in nero.
Não, sinto muito, não há nem mesmo em preto.

Paul   Che peccato! Questo modello è il più bello che abbia visto finora! Non potrebbe ordinarne altre paia della mia misura?
Que pena! Este modelo é o mais bonito que eu tinha visto até agora! O senhor não poderia pedir mais pares do meu tamanho?

Il commesso   Proverò a farmele mandare dal magazzino se può ripassare.
Tentarei pedir que me mandem do depósito, se o senhor puder voltar outro dia.

Paul   Quando pensa che arrivino in negozio?
Quando acha que chegam à loja?

Il commesso   Spero che me le facciano avere domani pomeriggio. Così, se Lei ritorna domani sera, le trova.
Espero que eu consiga recebê-los até amanhã à tarde. Então, se você voltar amanhã à noite, os encontrará.

Paul   Domani sera va bene! A che ora chiudete?
Amanhã à noite, está bem! Que horas vocês fecham?

Il commesso   Chiudiamo alle 19.30 in punto. Le consiglio di venire almeno mezz'ora prima.
Fechamos às 19h30 em ponto. Aconselho-o a vir pelo menos meia hora antes.

Paul   Non si preoccupi, verrò senz'altro prima che il negozio chiuda. Ma adesso dovrei comprare anche delle cravatte e qualche regalo per degli amici. In che reparto devo andare?

Lição 18

	Não se preocupe. Com certeza chegarei antes que a loja feche. Mas agora também preciso comprar gravatas e alguns presentes para uns amigos. A qual seção devo ir?
Il commesso	**Se va al pianoterra, trova tutto quello che cerca. Guardi, l'ascensore è proprio dietro di Lei. Scenda al pianoterra e vedrà il reparto abbigliamento da uomo, con cravatte, camicie, pantaloni, eccetera. Il reparto regali invece è vicino all'ingresso principale, dall'altra parte del negozio.** Se for ao térreo, encontrará tudo aquilo que procura. Olhe, o elevador está bem atrás de você. Desça até o térreo e verá a seção de roupas masculinas, com gravatas, camisas, calças etc. Já a seção de presentes fica perto da entrada principal, do outro lado da loja.
Paul	**Molto gentile, grazie! Ci vediamo domani. E non dimentichi di ordinare le mie scarpe!** Muita gentileza sua, obrigado! Nos vemos amanhã. E não se esqueça de pedir os meus sapatos!
Il commesso	**Stia tranquillo che non me ne dimentico. A domani!** Fique tranquilo, porque eu não me esqueço. Até amanhã!

DOMANDE E RISPOSTE / PERGUNTAS E RESPOSTAS

La stanno servendo?
Estão lhe atendendo?

Sì, grazie.
Sim, obrigado.

Vorrei provare un paio di scarpe.
Gostaria de provar um par de sapatos.

Quali scarpe vuole provare? (formal)
Qual sapato o senhor quer provar? (*literalmente*: "Quais sapatos...". Em italiano, é comum nos referirmos a sapato no plural.)

Voglio provare quelle in marrone.
Quero provar aquele marrom.

Quale paio di scarpe vuole provare? (formal)
Qual par de sapatos quer provar?

Voglio provare quel paio in marrone.
Quero provar aquele par marrom.

Dove sono le scarpe?
Onde estão os sapatos?

Sono lassù, a destra sullo scaffale.
Estão ali em cima, à direita, na prateleira.

Che misura porta?
Que tamanho calça?

Porto il quarantatré.
Calço quarenta e três.

Che taglia di giacca porta?
Que tamanho de jaqueta/paletó o senhor veste?

Porto la cinquantadue.
Visto cinquenta e dois.

Avete delle scarpe della mia misura?
Vocês têm sapatos do meu tamanho?

Temo che non ce ne siano più.
Temo que não tenhamos mais.

Avete una giacca della mia taglia?
Vocês têm uma jaqueta do meu tamanho?

Temo che non ce ne siano più.
Tem o que não tenhamos mais.

Può ordinarne altre paia? (formal)
Poderia pedir outros pares (destes sapatos)?

Sì, posso farmele mandare dal magazzino.
Sim, posso fazer que me mandem do depósito.

Quando pensa che arrivino? (formal)
Quando acha que chegam?

Spero che arrivino presto.
Espero que cheguem logo.

Quando devo ritornare?
Quando devo voltar?

Ritorni domani. (formal)
Volte amanhã.

Che orario fate?
Qual é o horário de funcionamento (da loja)?

Siamo aperti dalle 8.30 alle 12.30 e dalle 14 alle 19.30. Chiudiamo alle 19.30 in punto.
Abrimos das 8h30 às 12h30 e das 14h00 às 19h30. Fechamos às 19h30 em ponto.

Quando mi consiglia di venire? (formal)
Quando me aconselha a vir?

Venga mezz'ora prima che il negozio chiuda. (formal)
Venha meia hora antes que a loja feche.

Cosa mi consiglia di fare?
O que me aconselha a fazer?

Faccia tutto il possibile.
Faça todo o possível.

Cos'altro deve comprare? (formal)
O que mais tem que comprar?

Dovrei comprare degli articoli di abbigliamento e qualche regalo.
Tenho que comprar algumas peças de roupa e alguns presente.

Lição 18

In che reparto devo andare? A qual seção devo ir?	**Vada al pianoterra, al reparto uomo.** (formal) Vá ao térreo, à seção masculina.
Dov'è l'ascensore? Onde fica o elevador?	**È proprio dietro di Lei.** (formal) Está bem atrás do senhor.
Dov'è il reparto regali? Onde fica a seção de presentes?	**È vicino all'ingresso principale, dall'altra parte del negozio.** Fica perto da entrada principal, do outro lado da loja.
Mi promette di non dimenticarsene? (formal) Promete que não se esquecerá?	**Stia tranquillo, non me ne dimenticherò.** (formal) Fique tranquilo. Não me esquecerei.
Mi promette di ricordarsene? (formal) Promete-me lembrar-se?	**Stia tranquillo, me ne ricorderò.** (formal) Fique tranquilo, eu me lembrarei.

PAROLE DA RICORDARE / PALAVRAS QUE VOCÊ DEVE LEMBRAR

Gostaria de provar uns sapatos.	Vorrei provare delle scarpe.
Gostaria de provar uma jaqueta.	Vorrei provare una giacca.
Eu calço quarenta e três.	Porto il quarantatré di scarpe.
Gostaria de uma jaqueta azul tamanho cinquenta e dois.	Vorrei una giacca taglia cinquantadue in blu.
Este modelo é o mais bonito que eu tinha visto até agora.	Questo modello è il più bello che abbia visto finora.
Não é possível encomendar?	Non può ordinarne ancora?
Com certeza chegarei antes que a loja feche.	Verrò senz'altro prima che il negozio chiuda.
Estou procurando a seção masculina.	Sto cercando il reparto uomo.
A qual seção devo ir?	In che reparto devo andare?
Se eu vier amanhã, os encontrarei (encontrarei os sapatos)?	Se vengo domani, le trovo?

Você não se esquecerá, certo?	Non se ne dimenticherà, vero?
Você se lembrará, certo?	Se ne ricorderà, vero?
Até amanhã!	A domani!

GRAMMATICA / GRAMÁTICA

1. **IL CONGIUNTIVO / O SUBJUNTIVO**

Preste atenção às frases abaixo.

Lei vuole che io ciompri qualche paio.

Come è possiblie che io sia cosi stanco.

Os verbos **compri** e **sia** são formas do presente do *subjuntivo*. Algumas formas do presente do subjuntivo coincidem com as do imperativo formal, vistas na lição 13.

Aqui estão as regras gerais:

Para os verbos que terminam em -are, acrescente as terminações -i, -i, -i, -iamo, -iate e -ino à raiz.

Para os verbos que terminam em -ere e -ire, acrescente as terminações -a, -a, -a, -iamo, -iate e -ano à raiz.

Observe que a primeira pessoa do plural (*nós*) no presente do *congiuntivo* de verbos que terminam em -are, -ere e -ire tem a mesma terminação que a primeira pessoa do plural no presente do indicativo: -iamo.

Agora vamos comparar o presente do indicativo com o presente do *congiuntivo* de dois verbos comuns, **arrivare** (chegar) e **partire** (partir).

Presente do Indicativo	Presente do Subjuntivo
arrivo	arrivi
arrivi	arrivi
arriva	arrivi
arriviamo	arriviamo
arrivate	arriviate
arrivano	arrivino

Lição 18

parto	parta
parti	parta
parte	parta
partiamo	partiamo
partite	partiate
partono	partano

Certamente arriv**o** domani.
Non è certo che arriv**i** domani.

Certamente part**o** domani.
Non è certo che part**a** domani.

O presente do *congiuntivo* dos verbos **fare**, **essere** e **avere** é irregular:

faccia	sia	abbia
faccia	sia	abbia
faccia	sia	abbia
facciamo	siamo	abbiamo
facciate	siate	abbiate
facciano	siano	abbiano

O *congiuntivo* é necessário nas circunstâncias a seguir:

1. Para exprimir esperança e desejo após estas expressões:

spero che: espero que
voglio che: quero que
desidero che: desejo que, quero muito que
penso che: acho que, imagino que, acredito que, creio que
vorrei che: gostaria que

Spero che mi facciano avere le scarpe domani.
Espero que eu possa pegar os sapatos amanhã.

Voglio che tu venga presto.
Quero que você venha logo.

Desidero che tu stia bene, sia felice e abbia successo.
Desejo que você fique bem, seja feliz e tenha sucesso.

Penso che arrivi alle otto.
Imagino que chegue às oito.

Vorrei che fosse qui.
Queria que estivesse aqui.

2. Para exprimir emoção, medo, dúvida ou decepção após estas expressões:

> **temo che:** temo que, sinto muito que
> **vorrei che:** gostaria que
> **mi dispiace che:** sinto muito que
> **non penso che:** não penso que, não imagino que, não acredito que, não creio que, duvido que, não acho que

Temo che non venga.
Temo que ele/ela não venha.

Mi dispiace che non sia qui.
Sinto muito que ele/ela não esteja aqui.

Non penso che arrivi in orario.
Não acredito que ele/ela chegue na hora certa./ Duvido que ele/ela chegue na hora certa.

3. Para dar uma opinião após estas expressões:

> **è bene/è meglio che:** é bom que, é melhor que, seria melhor que
>
> Ou com verbos impessoais, como:
>
> **bisogna/è necessario:** é necessário que, é preciso que

È bene che faccia tutto il lavoro oggi.
É bom que faça todo o trabalho hoje.

È meglio che vada a vedere.
É melhor ir ver./ Seria melhor ir verificar.

Bisogna/È necessario che il messaggio arrivi al più presto.
É necessário que a mensagem chegue o mais rápido possível.

4. Com certas conjunções, como:

> **prima che:** antes que
> **affinché/perché:** a fim de que, para que
> **purché:** desde que, contanto que
> **sebbene/benché:** se bem que, apesar de que
> **a meno che:** a menos que
> **nonostante:** não obstante, apesar de

Verrò prima che il negozio chiuda.
Chegarei antes que a loja feche.

Finirò prima che arrivino i clienti.
Terminarei antes que os clientes cheguem.

Glielo dirò perché sappia tutto.
Eu lhe contarei para que ele/ela saiba tudo.

Sebbene sia tardi, verrò lo stesso.
Apesar de estar tarde, eu vou da mesma forma.

A meno che non mi aiutiate, non finirò questo lavoro.
A menos que vocês/os senhores/as senhoras me ajudem, não terminarei este trabalho.

5. Com o superlativo, quando seguido de uma oração relativa que começa com *che*:

È la piu bella ragazza che abbia mai visto.
É a garota mais bonita que eu já vi.

È l'amico migliore che abbia.
É o melhor amigo que existe.

È il negozio più caro che ci sia in questa città.
É a loja mais cara que há nesta cidade.

È la qualità migliore che ci sia sul mercato.
É a melhor qualidade que há no mercado.

È il miglior investimento che abbia mai fatto.
É o melhor investimento que eu já fiz.

È il modello più bello che abbia visto finora.
É o modelo mais bonito que vi até agora.

---

2. **IL PARTITIVO / O PARTITIVO**

Observe a diferença entre os adjetivos *alcuni/alcune* e *qualche*, que significam *alguns, algumas, poucos, poucas*.

Lição 18

Alcuno concorda em gênero e número com o substantivo ao qual se refere, enquanto qualche não varia, sendo sempre seguido por um substantivo no singular.

Ho trascorso **alcune belle giornate** al mare.
Ho trascorso **alcuni giorni** al mare.

Mas:

Ho trascorso **qualche giorno** al mare.
Passei alguns dias na praia.

VOCABOLARIO / VOCABULÁRIO

abbinare: combinar
intonarsi (al colore): combinar (cor)
provare: provar, experimentar, tentar
provarsi: provar, experimentar (roupa, sapato etc.)
provare un sentimento: provar/ter um sentimento
sperimentare: experimentar, testar
richiedere: solicitar, pedir
essere molto richiesto: ser muito popular/solicitado
a richiesta: mediante pedido/solicitação
ordinare: pedir, solicitar, fazer um pedido (de compra)
ordine: pedido (de compra), ordem
ordine del giorno: pauta de reunião
ordinare la casa/mettere in ordine: arrumar a casa/organizar
tirare: puxar
spingere: empurrar
ritirare: retirar, buscar
richiamare alla memoria: fazer lembrar, trazer à memória
dimenticarsi di: esquecer-se de
suggerire/proporre: sugerir, propor
sformarsi: deformar-se
succedere: acontecer, ocorrer
investire: investir
cancellare: cancelar, apagar
spostarsi: mover-se
reparto: seção, departamento
magazzino: depósito
reparto uomo: seção masculina
reparto regali: seção de presentes
regalo: presente
articoli da regalo: artigos de presente, lembranças
confezione regalo: embalagem para presente
il cassiere: o caixa, operador de caixa
la scala mobile: a escada rolante

abbigliamento da uomo: roupas masculinas
abbigliamento da donna: roupas femininas
articolo di abbigliamento: artigo de vestuário
la maglieria: artigos de tricô
la biancheria: artigos de cama, mesa e banho
biancheria intima: roupas íntimas
caporeparto: gerente da seção
banco di vendita: balcão de vendas
banco delle occasioni: seção de liquidação/descontos
svendita/saldi: desconto/liquidação
esposizione: mostra
sfilata di moda: desfile de moda
essere di moda: estar na moda
essere fuori moda: estar fora de moda
industria dell'abbigliamento: indústria de vestuário
investimento: investimento
modello: modelo
forma: forma
di ogni forma e dimensione: de todas as formas e tamanhos
essere giù di tono: estar para baixo, não estar muito bem de ânimo, humor, saúde, forma de forma
misura: medida, tamanho
misura (di scarpa): tamanho (de calçado)
taglia (di vestito): tamanho (de vestido)
Che taglia porta? (formal): Que tamanho você veste?
sciocchezza: bobagem
commesso: vendedor, atendente
scaffale: prateleira
lana: lã
di lana: de lã
tranquillo: tranquilo
Non si preoccupi. (formal): Não se preocupe.
Stia tranquillo che ce la fa! (formal): Fique tranquilo que dará tudo certo!
ricco: rico
povero: pobre
prudente: prudente
lassù: ali, por ali, ali em cima
in punto: em ponto
possibilmente/eventualmente: possivelmente/eventualmente
Quale?: Qual?
Quale giorno preferisci? (informal): Qual dia você prefere?
Quali giorni preferisci? (informal): Quais dias você prefere?
tale e quale: tal e qual
alcuni/alcune: alguns
qualche: alguns, poucos (seguido de substantivo no singular)
ieri sera: ontem à noite
senz'altro: com certeza, sem dúvida, definitivamente

Lição 18

ESERCIZI / EXERCÍCIOS

Exercício A

Complete as frases abaixo colocando os verbos sublinhados no *congiuntivo presente*:

Ex.:
La signora è sempre sola
È male che sia sola

1. I turisti fanno le valigie. – È meglio che _____.
2. Quel signore è molto ricco. – Non basta che _____.
3. I ragazzi guidano con prudenza. – È necessario che
   _____.
4. I clienti arrivano puntualmente alle sei. – Bisogna che
   _____.
5. Gli studenti fanno tutti gli esercizi. – È bene che
   _____.
6. I bambini escono presto da scuola. – È male che
   _____.
7. Per essere elegante quella signora compra tutto nei migliori negozi. – Non basta che _____.
8. Andiamo in vacanza a settembre. – È meglio che
   _____.
9. Fate tutto quel lavoro da soli. – È bene che _____.
10. Al mare restate tutto il tempo al sole. – È male che
    _____.

Exercício B

Complete as frases conjugando os verbos dados entre parênteses no *congiuntivo presente*:

Ex.:
È meglio dirgli tutto prima che lo (*venire*) a sapere da altri.
È meglio dirgli tutto prima che lo **venga** a sapere da altri.

Lição 18

1. Facciamo tutto il lavoro prima che il direttore (*ritornare*).
   _____.

2. Scrivo a Carla perchè anche lei (*sapere*).
   _____.

3. Veniamo stasera a meno che non (*succedere*) qualcosa.
   _____.

4. Restano a casa benché tutti (*uscire*).
   _____.

5. Paulo paga il conto sebbene (*essere*) senza soldi.
   _____.

6. Spero di vedere Giorgio prima che (*partire*).
   _____.

7. Ti aspettiamo purché (*fare*) presto.
   _____.

8. Gli telefono nonostante non lo (*conoscere*) bene.
   _____.

9. Spero che il treno (*arrivare*) in orario.
   _____.

10. Temo che tu (*fare*) qualche sciocchezza.
    _____.

11. Voglio che gli studenti (*studiare*) bene la lezione.
    _____.

12. Preferisco che tu non (*venire*).
    _____.

13. Desidero che Anna (*leggere*) questo libro.
    _____.

Lição 18

Exercício C

Nas frases abaixo, troque **alcuni/alcune** por **qualche**. Lembre que **qualche** é sempre seguido de um substantivo no singular, então, conjugue os verbos no singular quando necessário:

Ex.:
Abbiamo provato alcune giacche di lana.
Abbiamo provato **qualche giacca** di lana.

A causa dello sciopero alcuni treni sono stati cancellati.
A causa dello sciopero **qualche treno** è stato cancellato.

1. Il commesso ci ha mostrato alcuni modelli di scarpe.
   _____.

2. Ci vogliono alcune ore di viaggio in macchina per spostarsi dal sud al nord.
   _____.

3. Giulio ha comprato alcune bottiglie di vino.
   _____.

4. Puoi prestarmi alcuni libri? _____.

5. La sera Anna e Giulio ascoltano alcuni CD di musica classica.
   _____.

6. In questa città si pubblicano alcuni giornali.
   _____.

> Visite <http://www.berlitzpublishing.com> para atividades extras na internet – vá à seção de downloads e conecte-se com o mundo em italiano!

203

Lição

19 UN REGALO DI NOZZE
UM PRESENTE DE CASAMENTO

Anna e Giulio si sposano. È la sera prima del matrimonio e Paul è di nuovo a casa di Anna per portarle il regalo di nozze.
Anna e Giulio vão se casar. É a noite antes do casamento, e Paul está, mais uma vez, na casa de Anna para lhe entregar o presente.

Paul **Sono contentissimo di essere ritornato a Roma per un avvenimento così importante. Voi siete i miei amici più cari e sono felice che vi sposiate.**
Estou contentíssimo por voltar a Roma para uma ocasião tão importante! Vocês são os meus amigos mais queridos, e estou feliz que estejam se casando.

Anna **Anche tu ci sei molto caro e siamo felici di averti qui con noi. E grazie per il bellissimo regalo.**
Você também nos é muito querido, e estamos felizes de tê-lo aqui conosco. E obrigada pelo lindo presente.

Giulio **Grazie di essere venuto e di partecipare al nostro matrimonio.**
Obrigado por vir e por participar do nosso casamento.

Lição 19

Anna So che hai fatto in modo di venire malgrado gli impegni del tuo nuovo lavoro.
Sei que você deu um jeito de vir, apesar dos compromissos do seu novo emprego.

Paul Sono venuto per rivedervi e per ricordare i bei tempi passati a Milano. Ma devo confessare di essere un po' invidioso di te, Giulio. Sei un uomo fortunato!
Eu vim para revê-los e para relembrar os bons tempos passados em Milão. Mas preciso confessar que estar com um pouco de inveja de você, Giulio. Você é um homem de sorte!

Anna Stai scherzando! So che hai trovato una bella ragazza e spero che ce la farai incontrare la prossima volta che verremo a Boston.
Você está brincando! Sei que você encontrou uma bela garota e espero que nos apresente da próxima vez que formos a Boston.

Paul Va bene, lo farò. Ma voi quando verrete?
Tudo bem, eu farei isso. Mas quando vocês irão?

Giulio Saremmo venuti volentieri per la luna di miele, ma purtroppo non abbiamo abbastanza tempo.
Comunque speriamo di poter venire presto.
Iríamos com prazer para a lua de mel, mas infelizmente não temos tempo suficiente. De todo modo, esperamos poder ir em breve.

Paul E dove andate dopo il matrimonio?
E aonde vão depois do casamento?

Anna Passeremo solo qualche giorno in Riviera, a Portofino. Purtroppo dobbiamo ritornare al lavoro tra dieci giorni. E tu quanto tempo resti in Italia?
Passaremos só alguns dias na Riviera, em Portofino. Infelizmente temos que voltar ao trabalho em dez dias. E você fica quanto tempo na Itália?

Paul Una settimana circa. Pensavo di fare un giretto in Toscana. Ma non ho ancora deciso come andarci, in macchina o con il treno.
Cerca de uma semana. Eu estava pensando em dar uma voltinha na Toscana. Mas ainda não decidi como ir, de carro ou de trem.

Giulio Posso prestarti la mia macchina. A me non serve, e Anna preferisce guidare la sua per andare a Portofino. Inoltre so che guidi con molta prudenza.

	Eu posso emprestar-lhe o meu carro. Não vou precisar dele, e Anna prefere dirigir o dela para ir a Portofino. Além do mais, sei que você dirige com muita prudência.
Paul	**Io sono prudente, ma non so... Comunque sei molto gentile, ma non so se potrò accettare la tua offerta. Forse è più comodo e meno complicato andare in treno.** Sou cuidadoso, mas não sei... De qualquer forma, é muita gentileza sua (ou você é muito gentil), mas não sei se poderei aceitar a sua oferta. Talvez seja mais confortável e menos complicado ir de trem.
Giulio	**Fai come vuoi. La mia macchina è qui a tua disposizione in qualunque momento.** Faça como quiser. O meu carro está aqui à sua disposição a qualquer momento.
Paul	**Grazie infinite. Ma adesso vorrei fare un brindisi.** Muito obrigado. Mas agora eu gostaria de fazer um brinde.
Anna	**Certo. Ecco i bicchieri. Apriamo la bottiglia di spumante.** Claro. Aqui estão as taças. Abrirmos a garrafa de espumante.
Paul	**Alla coppia più bella, cin cin!** Ao casal mais belo, tim-tim!
Anna e Giulio	**Cin cin!** Tim-tim!

DOMANDE E RISPOSTE / **PERGUNTAS E RESPOSTAS**

Perché Paul è ritornato a Roma?
Por que Paul voltou a Roma?

Perchè Paul è invidioso di Giulio?
Por que Paul está com inveja Giulio?

Dove vanno Anna e Giulio in luna di miele?
Aonde Anna e Giulio vão na lua de mel?

Perchè Anna e Giulio si sposano.
Porque Anna e Giulio vão se casar.

Perchè Giulio sta per sposare Anna.
Porque Giulio está para se casar de com Anna.

Vanno in Riviera, a Portofino.
Vão à Riviera, em Portofino.

Quanti giorni restano in Riviera?
Quantos dias eles ficarão na Riviera?

Dieci giorni.
Dez dias.

Come vanno in Riviera?
Como vão à Riviera?

Ci vanno in macchina.
Vão de carro.

Chi guida?
Quem dirige?

Guida Anna. Preferisce guidare la sua macchina.
Anna dirige. Ela prefere dirigir o seu carro.

Dove va Paul dopo il matrimonio?
Aonde vai Paul depois do casamento?

Va a fare un giretto in Toscana.
Vai dar uma voltinha pela Toscana.

Quanto tempo resta in Italia?
Quanto tempo fica na Itália?

Una settimana.
Uma semana.

Come va in Toscana?
Como vai à Toscana?

Non ha ancora deciso. Forse in macchina o con il treno.
Ainda não decidiu. Talvez de carro ou de trem.

Come guida Paul?
Como Paul dirige?

Guida bene: è molto prudente.
Dirige bem: é muito cuidadoso.

Qual è l'offerta che Giulio fa a Paul?
Qual é a oferta que Giulio faz a Paul?

Gli offre in prestito la sua macchina.
Oferece-lhe o seu carro emprestado.

Cosa faresti tu se fossi più ricco? (informal)
O que você faria se fosse mais rico?

Comprerei un castello.
Compraria um castelo.

Tu guidi bene? (informal)
Você dirige bem?

Sì, guido bene, ma qualche volta vado troppo veloce e sono imprudente.
Sim, dirijo bem, mas às vezes dirijo rápido demais e sou imprudente.

Ti serve la macchina oggi? (informal)
Você precisa do carro hoje?

No, non mi serve.
Não, não preciso.

Mi presteresti la tua macchina? (informal)
Você me emprestaria o seu carro?

Sì, te la presto purché tu sia prudente. (informal)
Sim, eu lhe empresto, desde que você seja cuidadoso.

Mi dispiace, te la presterei ma serve a me. (informal)
Sinto muito, eu lhe emprestaria, mas preciso dele.

A chi facciamo un brindisi?
A quem fazemos um brinde?

Alla coppia più bella.
Ao casal mais belo.

PAROLE DA RICORDARE / PALAVRAS QUE VOCÊ DEVE LEMBRAR

um presente de casamento	un regalo di nozze
passar a lua de mel	passare la luna di miele
casar-se	sposarsi
participar	partecipare
Obrigado por ter vindo.	Grazie di essere venuto.
Deu um jeito de vir.	Ha fatto in modo di venire.
Lembro os bons tempos passados aqui.	Ricordo i bei tempi passati qui.
Você é um homem de sorte!	Sei un uomo fortunato!
Estou com um pouco de inveja.	Sono un po' invidioso.
devo confessar	devo confessare
Se eu fosse mais rico, compraria um castelo.	Se fossi più ricco, comprerei un castello.
Você está brincando!	Stai scherzando!/Vuoi scherzare!
Viríamos com prazer.	Saremmo venuti volentieri.
Infelizmente temos de voltar daqui a poucos dias.	Purtroppo dobbiamo essere di ritorno tra pochi giorni.
Ainda não decidimos.	Non abbiamo ancora deciso.
Você me emprestaria o carro?	Mi presteresti la macchina?

Lição 19

Eu lhe empresto o carro se você for cuidadoso.	**Ti presterò la macchina se sarai prudente.**
Eu lhe emprestaria o carro se você fosse mais cuidadoso.	**Ti presterei la macchina se fossi più prudente.**
Não preciso do carro hoje.	**Non mi serve la macchina oggi.**
Faça como quiser.	**Faccia come vuole.** (formal)
Faça como quiser.	**Fa' come vuoi.** (informal)
Está à sua disposição a qualquer momento.	**È a sua disposizione in ogni momento.** (singular)
Está à sua disposição.	**È a vostra disposizione.** (plural)
Gostaria de brindar/fazer um brinde.	**Vorrei brindare/fare un brindisi.**
Façamos um brinde.	**Facciamo un brindisi.**

GRAMMATICA / GRAMÁTICA

1. IL CONDIZIONALE PRESENTE / O MODO CONDICIONAL

Preste atenção às frases abaixo.

Vorrei provare delle scarpe.
Potreste ordinarne altre paia.
Sposerei Anna.
Mi presteresti la macchina.
Saremmo venuti volentieri.

Os verbos dessas frases estão conjugados no *condizionale presente*, em italiano. Em português, costuma-se traduzir o condicional presente pelo futuro do pretérito do indicativo.

O *condizionale presente* é formado com a mesma raiz do verbo no futuro (veja Lição 11) seguida destas terminações:

-ei, **-esti**, **-ebbe**, **-emmo**, **-este**, **-ebbero**.

Vamos comparar o futuro do indicativo, em italiano, com o *condizionale presente* dos verbos **parlare** (falar), **leggere** (ler), **venire** (vir/ir) e **preferire** (preferir).

Lição 19

Futuro	Condizionale presente
parlerò	parlerei
parlerai	parleresti
parlerà	parlerebbe
parleremo	parleremmo
parlerete	parlereste
parleranno	parlerebbero
leggerò	leggerei
leggerai	leggeresti
leggerà	leggerebbe
leggeremo	leggeremmo
leggerete	leggereste
leggeranno	leggerebbero
verrò	verrei
verrai	verresti
verrà	verrebbe
verremo	verremmo
verrete	verreste
verranno	verrebbero
preferirò	preferirei
preferirai	preferiresti
preferirà	preferirebbe
preferiremo	preferiremmo
preferirete	preferireste
preferiranno	preferirebbero

Lição 19

Os verbos que são irregulares no futuro também são irregulares no *condizionale presente*.

O verbo essere segue um padrão próprio, que você deve aprender à parte.

Essere	
Sarei	Saremmo
Saresti	Sareste
Sarebbe	Sarebbero

O *condizionale presente* é usado nas seguintes ocasiões:

1. Para expressar uma possibilidade, uma disposição ou indisposição para fazer algo, desde que certas condições sejam atendidas:

Solo in quel caso verrei e lo aiuterei.
Só naquele caso eu viria e o ajudaria.

2. Para exprimir um desejo no presente. Assim como em português, costuma-se usar para deixar um pedido mais cortês:

Mi poterebbe indicare dov'è il Duomo? (formal)
Você poderia me indicar onde fica a catedral?

Vorrei spedire questo pacco.
Gostaria de enviar este pacote.

Le dispiacerebbe chiudere quella porta? (formal)
Você se incomodaria de fechar aquela porta?

Mi presteresti la macchina? (informal)
Você me emprestaria o carro?

3. Para sugerir incerteza ou dar conselhos e sugestões:

Dovresti farlo in questo modo.
Você deveria fazer deste modo.

Dovrei andare adesso.
Eu deveria ir agora.

---

2. **IL PERIODO IPOTETICO / O PERÍODO HIPOTÉTICO**

As frases hipotéticas em italiano podem iniciar com uma variedade de conjunções, como se, qualora, purché, nel caso che, que significam *se*, *no caso de*, *sempre que*, *desde que*.

Lição 19

Aqui estão algumas construções básicas de frases hipotéticas:

(a) Condição possível:

se + futuro + futuro

Verrò, se avrò tempo.
Eu irei se tiver tempo.

ou

se + presente do indicativo + presente do indicativo

Vengo se ho tempo.

Relembre estas frases da Lição 18:

Se va al pianoterra, trova tutto quello che cerca.
Se ritorna domani sera, trova le sue scarpe.

E vimos também nesta lição as frases abaixo:

Ti presterò la macchina, se sarai prudente.
Quando verremo a Boston, ci farai incontrare la tua ragazza.

(b) Condição improvável:

se + *congiuntivo imperfeito* + *condizionale* presente.

Verrei, se avessi tempo./ Se avesti tempo, verrei.
Eu iria se tivesse tempo./Se tivesse tempo, eu viria.

Ti presterei la macchina, se fossi più prudente.
Eu lhe emprestaria o carro se você fosse mais cuidadoso.

Se fosse più ricco... Se ele fosse mais rico...

O verbo **fosse** (fosse) é um exemplo do *congiuntivo imperfeito*. O pretérito imperfeito do subjuntivo é formado com a raiz do verbo seguida das seguintes terminações:

Verbos que terminam em **-are**:	**-assi, -assi, -asse, -assimo, -aste, -assero**
Verbos que terminam em **-ere**:	**-essi, -essi, -esse, -essimo, -este, -essero**
Verbos que terminam em **-ire**:	**-issi, -issi, -isse, -issimo, -iste, -issero**

Aqui estão alguns verbos irregulares comuns, conjugados no *congiuntivo imperfetto*:

Infinitivo	*Congiuntivo imperfetto*
avere	avessi
essere	fossi
fare	facessi
dare	dessi
stare	stessi
dovere	dovessi
potere	potessi
volere	volessi

O *congiuntivo imperfetto* é usado em frases hipotéticas que começam com se quando o verbo principal está no *condizionale* (futuro do pretérito).

Se avessi più tempo, li aiuterei.
Se tivesse mais tempo, eu o ajudaria.

Se Clara abitasse a Milano, la vedrei più spesso.
Se Clara morasse em Milão, eu a veria com mais frequência.

Se fossi in te, andrei in vacanza.
Se eu fosse você, sairia de férias.

Se Anna e Giulio venissero a Milano, sarebbero nostri ospiti.
Se Anna e Giulio viessem a Milão, seriam nossos hóspedes.

---

3. **FARE + INFINITO / FAZER + INFINITIVO**

Nas Lições 17 e 18, você viu várias frases com **fare** seguido de outro verbo no infinitivo.

Facciamo decidere alle ragazze dove andare.
Spero che **mi facciano avere** le scarpe.
Proverò a **farmi mandare** le scarpe domani.

Aqui estão mais alguns exemplos com essa construção, que pode ter vários significados em português.

Mi farò cambiare queste scarpe.
Vou pedir que troquem estes sapatos para mim.

Me le farò cambiare da Carla.
Vou pedir a Carla que os troque.

Lição 19

Quando viene, gli faccio visitare l'appartamento.
Quando ele vier, vou fazê-lo visitar o apartamento.

Gli ho fatto cambiare idea.
Fiz com que ele mudasse de ideia.

L'ho fatto smettere.
Fiz com que ele parasse.

Mi farò tagliare i capelli.
Vou cortar o cabelo.

Ho fatto riparare la macchina.
Levei o carro para o conserto.

Ho fatto spedire un pacco a mio fratello.
Enviei um pacote ao meu irmão.

Falli entrare.
Faça-os entrar.

Fallo fare a me.
Deixe que eu faço isso.

Observe também estas expressões:

Ci penso io. (informal)
Lasci fare a me. (formal)
Deixe isso comigo.

VOCABOLARIO / VOCABULÁRIO

brindare: brindar
fare un brindisi a: fazer um brinde a
festeggiare: festejar, celebrar, comemorar
augurare: desejar (algo a alguém)
fare gli auguri: felicitar, dar parabéns
prestare/dare in prestito: emprestar
prendere in prestito: tomar emprestado
affittare: alugar
sposarsi: casar-se
sistemarsi: acomodar-se, ajeitar-se, instalar-se, casar-se, constituir família
partecipare: participar
moderare la velocità: diminuir a velocidade
confessare: confessar
scherzare: brincar
ospitare: hospedar
fare un giretto: dar uma voltinha
fare in modo a fare qualcosa/riuscire a fare qualcosa/cavarsela: dar um jeito de fazer algo/conseguir fazer algo

Lição 19

mettere qualcosa a disposizione di qualcuno: colocar algo à disposição de alguém
Faccia come vuole. (formal): Faça como o quiser.
Fai come ti pare. (informal): Faça como achar melhor.
Stai scherzando! (informal): Você está brincando!
augurio: desejo, voto (no sentido de desejar algo a alguém)
biglietto di auguri: cartão comemorativo, cartão de parabéns
felicità: felicidade
offerta: oferta
bottiglia: garrafa
bicchiere: taça, copo
matrimonio/nozze: casamento, festa de casamento
regalo di nozze: presente de casamento
lista di nozze: lista de presentes de casamento
la sposa: a noiva (no dia do casamento), a esposa
lo sposo: o noivo (no dia do casamento), o esposo
coppia: casal
una bella coppia: um belo casal
luna di miele: lua de mel
imprudenza: imprudência
imprudente: imprudente
invidioso/invidiosa: invejoso
caro: querido, prezado
veloce: veloz, rápido
lento/lenta: lento/lenta, devagar
pazzo/pazza: louco/louca, maluco/maluca
comodo: confortável, conveniente
conveniente: conveniente
comodità: comodidade
conforto: conforto
complicato: complicado
disponibile: disponível
diversi/diverse: diversos/diversas, vários/várias, diferentes
insieme: juntos/juntas
malgrado: apesar de
purtroppo/sfortunatamente: infelizmente
abbastanza: suficiente, bastante
presto: logo, em breve
circa: aproximadamente, cerca de
infatti: de fato, na verdade
inoltre: além disso
qualunque, qualsiasi: qualquer um
in qualunque momento: a qualquer momento
in qualunque posto, in qualsiasi posto: em qualquer lugar
in caso di bisogno: em caso de necessidade
Tanti auguri!: Parabéns!/ Muitas felicidades!
Buona fortuna!: Boa sorte!
Cin cin!/Salute!: Tim-tim!/ Saúde!

ESERCIZI / EXERCÍCIOS

Exercício A

Mude os verbos das frases abaixo do futuro do indicativo para o *condizionale presente* para dar ideia de incerteza ou dúvida:

Ex.:
Parlerò con Anna domani.
Parlerei con Anna domani.

1. Giulio potrà prestarci la macchina.

2. Gli studenti non leggeranno tutti questi libri.

3. Paulo preparerà la valigia.

4. Paulo andrà molto volentieri in Toscana.

5. Paulo vorrà vedere gli sposi.

6. Gli dirò di venire al matrimonio. _____
7. Noi non daremo la macchina in prestito a nessuno.

8. Ci aiuterete in caso di bisogno. _____
9. Dovremo aspettare all'uscita. _____
10. Farete tutto questo lavoro in una settimana?

Exercício B

Mude os verbos das frases a seguir do presente do indicativo para o *condizionale presente* para deixar os pedidos mais corteses:

Ex.:
Può darci il resto, per favore?
Potrebbe darci il resto, per favore?

1. Possiamo avere una camera matrimoniale con bagno?

2. Vuole indicarmi la strada per il Duomo?

3. Mi presenti la tua ragazza? _____
4. Mi fai un favore? _____
5. Viene a cena con me stasera?
   _____
6. Potete fare le valigie subito?
   _____
7. Può dirmi dov'è il museo? _____
8. Vieni più presto? _____
9. Venite ad aiutarmi? _____
10. Le dispiace riempire questo modulo?
    _____
11. Non volete affittare una macchina?
    _____
12. Possiamo usare il telefono?
    _____
13. Puoi dirmi che ore sono? _____
14. Possiamo prenotare un tavolo per stasera?
    _____
15. Vuole ritornare domani? _____

> Visite <http://www.berlitzpublishing.com> para atividades extras na internet – vá à seção de downloads e conecte-se com o mundo em italiano!

Lição 20

RIVEDIAMO LE LEZIONI DA 17 A 19
VAMOS REVISAR AS LIÇÕES DE 17 A 19

Diálogo 17   A PROPOSITO DI VITA NOTTURNA

Siamo alla Casa dello Studente, a Milano. Paul è nella sua stanza e parla con un suo compagno d'università, Arturo.

Paul   So che tu, Arturo, vieni da un piccolo paese del sud d'Italia. Si fa anche lì la stessa vita frenetica che facciamo qui a Milano?

Arturo   Penso di sì, ma la gente ha più tempo di curare i rapporti interpersonali.

Paul   Questo è positivo. Ma a che ora vanno a letto la sera?

Arturo   Vanno a letto più tardi che a Milano, soprattutto d'estate. Si cena tardi, anche dopo le nove di sera. Poi si esce con gli amici, si va al cinema o in discoteca. Oppure si va semplicemente in giro. Nei piccoli paesi si

218

	riuniscono nella piazza principale: il tempo è quasi sempre bello e si può stare a chiacchierare anche all'aperto.
Paul	Stupendo! La prossima volta che vai a casa voglio venire con te e incontrare i tuoi amici. Ma a proposito di vita notturna, cosa facciamo stasera?
Arturo	Guarda, ho appena comprato il *Corriere della Sera*. Diamo un'occhiata alla pagina degli spettacoli e vediamo cosa c'è. Poi decidiamo.
Paul	(*guardando il giornale*) Ci sono molti film interessanti da vedere. Quello che danno al cinema Ducale sembra divertente. Tu che ne pensi?
Arturo	Penso che vada bene. Ma perchè non telefoniamo ad alcune ragazze del nostro corso e vediamo se vogliono venire con noi?
Paul	Buona idea! Telefoniamo alle ragazze e lasciamo decidere a loro!

Diálogo 18   ANDIAMO A FARE SPESE

Siamo al secondo piano di un grande magazzino a Milano. Al reparto scarpe un commesso mostra a Paul alcune paia di scarpe di diverso modello e colore.

Il commesso	La stanno servendo?
Paul	Vorrei provare delle scarpe.
Il commesso	Bene. Mi dica, quali vuole provare?
Paul	Quelle lassù, a destra sullo scaffale.
Il commesso	Va bene. Che misura porta?
Paul	Quarantatré. Possibilmente le vorrei in marrone.
Il commesso	Quarantatré in marrone. Questo modello è stato molto richiesto, non so se ne sia rimasto ancora qualche paio. Attenda un momento, vado a vedere.

Qualche minuto dopo, il commesso ritorna a mani vuote.

Il commesso	Mi dispiace, ma nella sua misura in marrone non ce ne sono più.
Paul	E in nero?
Il commesso	No, mi dispiace, non ci sono neppure in nero.

Paul	Che peccato! Questo modello è il più bello che abbia visto finora! Non potrebbe ordinarne altre paia della mia misura?
Il commesso	Proverò a farmele mandare dal magazzino, se può ripassare.
Paul	Quando pensa che arrivino in negozio?
Il commesso	Spero che me le facciano avere domani pomeriggio. Così, se Lei ritorna domani sera, le trova.
Paul	Domani sera va bene! A che ora chiudete?
Il commesso	Chiudiamo alle 19.30 in punto. Le consiglio di venire almeno mezz'ora prima.
Paul	Non si preoccupi, verrò senz'altro prima che il negozio chiuda. Ma adesso dovrei comprare anche delle cravatte e qualche regalo per degli amici. In che reparto devo andare?
Il commesso	Se va al pianoterra, trova tutto quello che cerca. Guardi, l'ascensore è proprio dietro di Lei. Scenda al pianoterra e vedrà il reparto abbigliamento da uomo, con cravatte, camicie, pantaloni, eccetera. Il reparto regali invece è vicino all'ingresso principale, dall'altra parte del negozio.
Paul	Molto gentile, grazie! Ci vediamo domani. E non dimentichi di ordinare le mie scarpe.
Il commesso	Stia tranquillo che non me ne dimentico. A domani!

Diálogo 19   UN REGALO DI NOZZE

Anna e Giulio si sposano. È la sera prima del matrimonio e Paul è di nuovo a casa di Anna per portarle il regalo di nozze.

Paul	Sono contentissimo di essere ritornato a Roma per un avvenimento così importante. Voi siete i miei amici più cari e sono felice che vi sposiate.
Anna	Anche tu ci sei molto caro e siamo felici di averti qui con noi. E grazie per il bellissimo regalo.
Giulio	Grazie di essere venuto e di partecipare al nostro matrimonio.
Anna	So che hai fatto in modo di venire malgrado gli impegni del tuo nuovo lavoro.

Lição 20

Paul — Sono venuto per rivedervi e per ricordare i bei tempi passati a Milano. Ma devo confessare di essere un po' invidioso di te, Giulio. Sei un uomo fortunato!

Anna — Stai scherzando! So che hai trovato una bella ragazza e spero che ce la farai incontrare la prossima volta che verremo a Boston.

Paul — Va bene, lo farò. Ma voi quando verrete?

Giulio — Saremmo venuti volentieri per la luna di miele, ma purtroppo non abbiamo abbastanza tempo. Comunque speriamo di poter venire presto.

Paul — E dove andate dopo il matrimonio?

Anna — Passeremo solo qualche giorno in Riviera, a Portofino. Purtroppo dobbiamo ritornare al lavoro tra dieci giorni. E tu quanto tempo resti in Italia?

Paul — Una settimana circa. Pensavo di fare un giretto in Toscana. Ma non ho ancora deciso come andarci, in macchina o con il treno.

Giulio — Posso prestarti la mia macchina. A me non serve, e Anna preferisce guidare la sua per andare a Portofino. Inoltre so che guidi con molta prudenza.

Paul — Io sono prudente, ma non so... Comunque sei molto gentile, ma non so se potrò accettare la tua offerta. Forse è più comodo e meno complicato andare in treno.

Giulio — Fai come vuoi. La mia macchina è qui a tua disposizione in qualunque momento.

Paul — Grazie infinite. Ma adesso vorrei fare un brindisi.

Anna — Certo. Ecco i bicchieri. Apriamo la bottiglia di spumante.

Paul — Alla coppia più bella, cin cin!

Anna e Giulio — Cin cin!

Lição 20

TEST DI REVISIONE FINALE / TESTE DE REVISÃO FINAL

Exercício A

Por algum motivo, você não consegue atender a vários pedidos. Para mostrar como você sente muito pela situação, coloque os verbos sublinhados abaixo no *condizionale presente* e termine com a expressão "**volentieri, ma non posso**":

Ex.:
Mi presti la tua macchina?
Te la presterei volentieri, ma non posso

1. Mi porti una bottiglia di spumante?
   _____

2. Mi compri dei giornali? _____

3. Mi offri un caffè? _____

4. Mi cambi questi dollari? _____

5. Mi fai una fotografia? _____

6. Mi dai una sigaretta? _____

Exercício B

Reescreva as frases a seguir para transformar as condições improváveis em condições possíveis, conjugando os verbos sublinhados no futuro ou presente do indicativo, conforme o contexto:

Ex.:
Parlerei, se mi facessero delle domande.
Parlerò se mi **faranno** delle domande.

Se lo sapessi, te lo direi.
Se lo **so,** te lo **dico.**

1. Se me la chiedesse, gli presterei la macchina.
   _____

2. Lo aiuterei, se fosse possibile.
   _____

3. Li incontreremmo se andassimo alla festa.
   _____

4. Se telefonassi, potresti prenotare la stanza.
   _____

Lição 20

5. Se <u>mandassi</u> un'e-mail, li <u>informeresti</u> in tempo.
   _____

6. Se <u>avessimo</u> più tempo, <u>verremmo</u> a Boston in luna di miele.
   _____

Esta é uma página da agenda de Giulio. Ele escreveu vários lembretes de coisas que precisa fazer na véspera do casamento:

1. ritirare il vestito dal negozio
2. telefonare ad Anna
3. andare a prendere Paul all'aeroporto
4. fare spese
5. ordinare dei fiori per Anna
6. andare a cena a casa di Anna

Exercício C

Observe a lista de Giulio e, usando o *passato prossimo*, descreva em italiano o que ele fez na véspera do casamento. Comece dizendo que Giulio teve um dia muito ocupado.

1. Il giorno prima del matrimonio, Giulio _____
2. Prima di pranzo _____
3. All'ora di pranzo _____
4. Dopo pranzo _____
5. Di pomeriggio _____
6. Prima di cena _____
7. La sera, poi, _____

Em cada grupo de três frases, apenas uma das opções é correta. Quais são elas?

(1)
a. Come si chiama sua moglie, professor Valli?
b. Come si chiama la sua moglie, professor Valli?
c. Come chiama la sua moglie, professor Valli?

(2)
a. Anna ha molto amici.
b. Anna hanno molti amici.
c. Anna ha molti amici.

Exercício D

223

(3)
a. Anna è italiana e Giulio ha anche italiano.
b. Anna è italiana e Giulio è italiano anche.
c. Anna è italiana e anche Giulio è italiano.

(4)
a. Noi abbiamo prenotato una camera con doccia.
b. Noi ha prenotato una camera con doccia.
c. Noi hanno prenotato una camera con doccia.

(5)
a. Ha il passaporto Anna? Sì, l'ha.
b. Ha Anna il passaporto? Sì, ha.
c. Anna ha il passaporto? Sì, ce l'ha.

(6)
a. Marco Valli va in banca a cambiare dei dollari.
b. Marco Valli va per la banca a cambiare dei dollari.
c. Marco Valli va dalla banca per cambiare dei dollari.

(7)
a. Anna non ha mai colazione.
b. Anna fa mai colazione.
c. Anna non fa mai colazione.

(8)
a. Professore, preferire un cappuccino o un caffè?
b. Professore, preferisce un cappuccino o un caffè?
c. Professore, preferisci un cappuccino o un caffè?

(9)
a. La lezione comincia dalle tre e finisce le cinque.
b. La lezione comincia alle tre e finisce alle cinque.
c. La lezione cominciano alle tre e finiscono alle cinque.

(10)
a. Niente dolci, mi fanno male, grazie.
b. No dolci, mi fanno male, grazie.
c. Non dolci, mi fa male, grazie.

(11)
a. Per arrivare in centro ci vuole un quarto d'ora.
b. Per arrivare in centro ci vogliono un quarto d'ora.
c. Per arrivare in centro mette un quarto d'ora.

(12)
a. Ti è piaciuto la torta?
b. Ti è piaciuta la torta?
c. Ti sono piaciute la torta?

(13)
a. Andranno in luna di miele in due settimane.
b. Andranno in luna di miele dopo due settimana.
c. Andranno in luna di miele per due settimane.

(14)
a. È di Paulo quella valigia? Sì, è suo.
b. È di Paulo quella valigia? Sì, è il suo.
c. È di Paulo quella valigia? Sì, è sua.

(15)
a. Anna conosce Giulio per molti anni.
b. Anna conosce Giulio da molti anni.
c. Anna sa Giulio per molti anni.

(16)
a. Mentre ti aspettavo ho letto il giornale.
b. Mentre ti ho aspettato leggevo il giornale.
c. Mentre ti aspetto ho letto il giornale.

(17)
a. Il lavoro di Anna è più divertente che rimunerativo
b. Il lavoro di Anna è più divertente quanto rimunerativo.
c. Il lavoro di Anna è il più divertente di rimunerativo.

(18)
a. Ti dispiaccia prestare la tua macchina?
b. Ti dispiace mi prestare la tua macchina?
c. Ti dispiacerebbe prestarmi la tua macchina?

Agora responda às seguintes perguntas sobre você e este curso:

1. Come ti chiami? _____
2. Di che nazionalità sei? _____
3. Cosa fai? _____
4. Dove abiti? _____
5. Com'è la tua casa? _____
6. Quante stanze ci sono? _____

Exercício E

7. Cosa ti piace fare? _____
8. Che tipo di libri preferisci? _____
9. Cosa prendi quando vai al bar?

   _____

10. Cosa compri quando vai a fare la spesa?

    _____

11. Che misura di scarpe porti? _____
12. Qual è la tua taglia? _____
13. Quanti personaggi hai trovato in questo corso?

    _____

14. Quale preferisci? _____
15. Come e dove è iniziato questo corso?

    _____

16. Come e dove è finito? _____
17. Quali e quante città italiane sono menzionate in questo corso?

    _____

18. Ti è piaciuto? _____
19. Hai imparato un po' d'italiano? _____

> Visite <http://www.berlitzpublishing.com> para atividades extras na internet – vá à seção de downloads e conecte-se com o mundo em italiano!

RESPOSTAS DOS EXERCÍCIOS

LIÇÃO 1

A.

il/un libro
la/una chiave
il/un professore
la/una matita
il/un quaderno
la/una lezione

la/una scatola
la/una cattedra
lo/uno zio
la/una penna
lo/uno studio
la/una sedia

B.

1. Sì, ho il libro d'italiano./No, non ho il libro d'italiano.
2. Sì, ho la chiave./No, non ho la chiave.
3. Sì, ho una scatola./No, non ho una scatola.
4. Sì, ho il quaderno d'italiano./No, non ho il quaderno d'italiano.

C.

1. Dov'è il libro? Sulla cattedra.
2. Non ho il libro. Va bene!
3. Come sta? Bene, grazie. E tu?
4. Mi dispiace! Non ho una penna. Ecco la penna!
5. Cominciamo!

LIÇÃO 2

A.

La signorina italiana
il professore australiano
il ragazzo belga
l'amica giapponese
la ragazza svizzera
un amico ungherese
la scuola americana

un'agenzia olandese
Greta è tedesca
Pauli è americano
parliamo la lingua svedese
Manuel è spagnolo
È nato a Mosca – è russo.

B.

1. Io sono di Boston, e Lei, signorina Alberti, di dov'è? Sono di Milano.
2. Tu sei inglese, Paulo? No, non sono inglese, sono americano.
3. Di dove sei, Paulo? Sono di Boston.
4. Lei, signorina Alberti, è di Milano? Sì, sono di Milano, sono italiana.
5. Mi chiamo Marco Valli e sono australiano.
6. Paulo studia l'italiano con il professor Valli.
7. Lei, signorina, come si chiama? Mi chiamo Anna Alberti.
8. Io non lavoro in Italia, lavoro qui a Boston. E tu dove lavori?
9. La signorina Alberti lavora a Roma ed è agente di viaggi. E tu che cosa fai?
10. Io sono nato in Australia, ma parlo bene l'italiano.
11. (Tu) Parli bene l'inglese, ma non parli l'italiano.
12. Tu di dove sei, Greta? Sono nata in Germania e parlo il tedesco e l'italiano.
13. E la tua amica di dov'è? È tedesca anche lei.
14. Lei, professor Valli, cosa fa? Sono professore d'italiano, insegno in una scuola.
15. Tu, Paulo, che cosa fai? Sono studente, studio l'italiano con il professor Valli.
16. Lei, signorina Alberti, viaggia molto? Sì, viaggio molto in Italia e all'estero.
17. Organizzo viaggi e congressi.
18. Il professor Valli presenta un suo studente alla signorina Alberti.

C.

1. Sono nato a Boston.
2. Sono in America per lavoro.
3. Lavoro in un'agenzia di viaggi.
4. Insegno a Milano in una scuola.
5. Sono italiana, sono di Milano.
6. Studio l'italiano con il professor Valli.

LIÇÃO 3

A.
1. Le amiche di Anna sono a Roma.
2. Anna e i suoi amici lavorano in un'agenzia di viaggi.
3. Noi andiamo all'aeroporto in taxi.
4. Ci sono i vestiti nelle valigie.
5. Le giacche sono nelle borse.
6. Noi non abbiamo i biglietti.
7. Voi siete in vacanza.
8. Loro non vanno in metropolitana, vanno in taxi.
9. Noi ritorniamo tra una settimana.
10. Le valigie sono pronte.
11. Voi viaggiate molto.
12. Le amiche di Anna mandano delle cartoline da Roma.
13. Loro studiano la lezione/le lezioni.
14. Noi facciamo le valigie.
15. Voi non tornate a casa presto, tornate tardi.
16. Voi cosa fate oggi?

B.
1. Anna va a Torino per una riunione.
2. No, non ha il passaporto, ha la carta d'identità.
3. Il biglietto aereo è nella borsa.
4. Nella valigia di Anna ci sono dei vestiti, delle scarpe, dei pantaloni, delle camicie e anche due giacche.
5. Anna va all'aeroporto in taxi.
6. Parte domani mattina alle otto.
7. Ci mette quasi un'ora.
8. Ritorna tra una settimana.
9. Gli manda una bella cartolina.

Respostas dos Exercícios

10. Mi mancherai, arrivederci a presto, Paul!
11. È nell'Italia centrale.
12. È nel nord d'Italia.

LIÇÃO 4

A.

1. dalla
2. degli
3. nella
4. sul
5. delle
6. al – sulla
7. nei
8. dei
9. delle
10. dei
11. alla
12. degli
13. all'
14. nella
15. alla – alle
16. dalla – alla

B.

1. Quei bei fini settimana.
2. Ci sono dei libri sulle scrivanie.
3. Ci sono dei biglietti aerei nelle valigie.
4. Quei simpatici amici di Marco.
5. Delle lezioni interessanti.
6. Quegli studenti intelligenti.
7. Delle belle giornate di vacanza.
8. Ci sono delle belle commedie a teatro.
9. Quelle lunghe lettere.
10. Ci sono dei bei vestiti rossi sulle sedie.
11. Dei bei viaggi in aereo.
12. Delle belle ragazze straniere.

C.

1. Quella bella amica di Anna.
2. Lo studente ha un libro interessante.

3. C'è una camicia bianca nella valigia di Anna.
4. Metto quel pacco sul tavolo.
5. Quella lezione non è molto interessante.
6. Un simpatico amico di Marco.
7. Scrivo una lunga lettera.
8. Ho una brutta settimana di lavoro.
9. Quella bella domenica al mare.
10. Sono stanco per quel lungo lunedì di lavoro.

LIÇÃO 5

A.

1. L'orario d'ufficio è dalle otto e mezzo alle diciassette e trenta.
2. Ma l'impiegato arriva in ufficio con un quarto d'ora di anticipo, alle otto meno un quarto.
3. Lavora al computer dalle nove meno un quarto alle undici e quaranta/alle dodici meno venti.
4. Manda delle e-mail dalle dodici meno un quarto alle dodici e un quarto.
5. La pausa pranzo è dalle dodici e venticinque alle tredici e venti.
6. Di pomeriggio lavora ancora per quattro ore, dalle tredici e venticinque alle diciassette e venticinque.
7. Esce dall'ufficio alle diciassette e trenta e arriva a casa alle diciotto e quindici.

B.

2. Studio
3. L'impiegato lavora per otto ore e cinquanta minuti (dalle otto meno un quarto alle diciassette e trenta, meno cinquantacinque minuti per il pranzo).
4. L'orario d'ufficio è dalle otto e mezzo alle diciassette e trenta.
5. Va a pranzo dalle dodici e venticinque alle tredici e venti.
6. Esce dall'ufficio alle diciassette e trenta.
7. Arriva a casa alle diciotto e quindici.

Respostas dos Exercícios

C.

1. possiamo
2. deve
3. volete
4. preferiscono
5. escono
6. spedisco
7. puoi
8. dovete
9. vogliamo

LIÇÃO 6

Test di revisione

A.

masculino singular	feminino singular	masculino plural	feminino plural
il ragazzo	la camicia	i libri	le penne
il professore	la signorina	i biglietti	le scarpe
lo studente	la scuola	i parchi	le scatole
l'aereo	la carta d'identità	gli amici	le cartoline
il bagaglio	la domenica	i sabati	
il passaporto	la stazione	gli autobus	
il telefono	l'agenzia di viaggio		
il treno	la metropolitana		
il pacco	la settimana		
il convegno	l'ora		
l'autobus	la valigia		
	la moglie		

B.

1. un'amica – delle amiche 2. un passaporto – dei passaporti 3. una città – delle città 4. uno zio – degli zii 5. un biglietto aereo – dei biglietti aerei 6. una domenica – delle domeniche 7. un insegnante(♂)/un'insegnante(♀) – degli insegnanti/delle insegnanti 8. un'ora – delle ore 9. un sabato – dei sabati 10. una chiave – delle chiavi 11. un convegno – dei convegni 12. una giacca – delle giacche 13. una serata – delle serate 14. un lavoro – dei lavori 15. un'agenzia di viaggi – delle agenzie di viaggi 16. un collega/una collega – dei colleghi/delle colleghe

C.

1. sono, sono
2. è, è
3. ha, ha
4. studiamo, parliamo
5. è, sono
6. lavora
7. insegna
8. fai, sono
9. chiami? chiamo
10. sei, Sono
11. prendono, andiamo
12. è
13. mandano
14. parte
15. andate
16. facciamo, partiamo
17. sono
18. telefona, invita
19. andiamo
20. conosce
21. sono, conosco.
22. sono, so
23. comincia, finisce
24. deve
25. vogliono
26. puoi
27. devo
28. vuole
29. possiamo, vuoi
30. sono, vengo

D.

1. giapponese
2. italiana
3. francese
4. spagnola
5. italiani
6. inglesi
7. americana
8. bei
9. quei, quelle
10. bella
11. quegli
12. bel
13. quella bella

E.

1. di Milano, a Boston, in America
2. all'aeroporto in taxi
3. a teatro e poi al ristorante
4. delle belle cartoline da Roma
5. dei vestiti e delle scarpe nella valigia

Respostas dos Exercícios

6. in centro a mezzogiorno
7. alle nove alle undici
8. dalle nove alle undici.
9. a teatro con noi? Grazie per l'invito (dell'invito)
10. dalla stazione di Roma alle dieci e arriviamo a Milano alle quattordici e trenta: da Roma a Milano.
11. Ci sono dei libri e delle penne sul tavolo.
12. dalle otto e mezzo alle diciassette e trenta, con un'ora di intervallo per il pranzo.

F.

Exemplos para os dois bilhetes:

1. Caro _____, stiamo organizzando una serata a teatro con degli amici. Vieni con noi?
   Ti vedrei con piacere. A presto!
2. Caro _____, grazie per l'invito al ristorante. Vengo volentieri: mi fa piacere passare la serata con con voi. A presto! **ou:**

Grazie per l'invito, ma non ce la faccio a venire conte con te voi al ristorante. Ho avuto una brutta settimana e sono troppo stanco. Vengo con te/con voi la prossima volta. A presto!

LIÇÃO 7

A.

1. la sua casa. / sua.
2. il suo biglietto. / suo.
3. la loro figlia. / loro.
4. il suo amico.
5. il loro quaderno. / loro.
6. la sua macchina. / sua.
7. i vostri biglietti.
8. il nostro cognome.
9. i suoi amici.
10. le sue amiche.
11. i suoi vestiti. / suoi.
12. i loro amici.
13. le loro borse. / loro.
14. le sue valigie/ sue.
15. sua moglie.
16. suo marito.
17. suo amico.
18. sua amica.
19. la sua torta.
20. il suo cappuccino.

B.
1. Mio padre
   Mia madre
2. mia moglie/mio marito
3. mio figlio/mia figlia
   i miei figli
4. Le mie sorelle
   I miei fratelli
5. I miei cugini
6. I miei nipoti
7. La sua casa

C.
1. Noi abbiamo poco da studiare.
2. Tu mangi troppo a colazione.
3. Gli italiani mangiano poco a colazione.
4. Noi leggiamo troppo, ma voi leggete poco.
5. Ho molto lavoro da fare.
6. Anna ha pochi amici a Boston.
7. Abbiamo molti esercizi da fare.
8. Stasera ho bevuto molto vino.
9. Ci sono molte fette di pane sul tavolo.
10. Ho bevuto poche tazze di tè oggi.
11. Anna ha mandato molte cartoline a Paulo.
12. Abbiamo comprato molti biglietti della metropolitana.
13. Prendo poco latte nel caffè.

LIÇÃO 8

A.
1. 6
2. 1
3. 8
4. 7
5. 3
6. 2
7. 5
8. 4

B.

1. Lo invito alla festa.
2. Ti invito a cena.
3. Vi invito a pranzo.
4. Ci invitano a fare un giro.
5. Li conosciamo molto bene.
6. La conosco da molto tempo.
7. La presento ai miei amici.
8. Ti conosco da molto tempo.
9. La invita a cena.
10. Sì, la incontro spesso.
11. Sì, lo conosco da molto.
12. Sì, li incontro alla festa.
13. Sì, ti chiamo al telefono.
14. Sì, mi invitano spesso.
15. Sì, la conosco.
16. Sì, li chiamo al telefono.
17. Sì, vi invito al cinema.
18. Sì, ci invitano.
19. Sì, le invitiamo.
20. Sì, li portiamo a cena.

C.

1. Sì, li conosciamo.
2. No, non li trovo.
3. Sì, li bevo.
4. No, non le mangiamo.
5. Sì, li preferisco.
6. Sì, la prendo.
7. Sì, li devo comprare tutti.
8. Lo servono dalle dodici e mezzo alle quattordici.
9. Sì, lo preparo.
10. La servono dalle sette e mezzo alle nove.
11. Sì, la faccio.
12. Sì, la preferisco.
13. No, non lo voglio, lo prendo amaro.
14. La danno alle sei.
15. Sì, le scrivo.
16. Sì, la so guidare.
17. Sì, lo parlo un po'.
18. Sì, le vedo spesso.

19. Sì, li prendiamo.
20. Sì, lo prendo e lo leggo subito.

LIÇÃO 9

A.

1. Vi diamo questa notizia.
2. Giulio le telefona.
3. Anna gli telefona.
4. Non gli diamo nessuna informazione. (Non diamo loro nessuna informazione.)
5. Gli telefoniamo ogni settimana. (Telefoniamo loro ogni settimana.)
6. Vi scriviamo ogni mese.
7. Gli mandiamo un'e-mail ogni due settimane. (Mandiamo loro un'e-mail ogni due settimane.)
8. Paulo ci manda un'e-mail.
9. Le porto questo libro.
10. Anna gli regala un orologio.
11. Il professore gli risponde. (Il professore risponde loro.)
12. Le voglio dare un regalo.
13. Le chiedo l'informazione.
14. Paulo gli manda un pacco.
15. Non le scrivo mai.

B.

1. Sì, ti diamo le informazioni.
2. Sì, gli telefono.
3. Sì, ci spediscono dei libri.
4. Sì, gli regalo un libro.
5. Sì, le mando un'e-mail ogni settimana.
6. No, non vi scriviamo nessuna informazione.
7. Le regalo dei fiori.
8. Gli spedisco un pacco.

9. No, non le parlo mai di niente.

10. No, non gli racconto mai niente. (No, racconto loro mai niente.)

11. Sì, mi telefona ogni due giorni.

12. Sì, gli mando un pacco ogni due mesi. (Sì, um pacco ogni due mesi mando loro.)

13. Sì, gli scrivo ogni settimana.

14. Sì, gli telefoniamo ogni mese. (Sì, telefoniamo loro ogni mese.)

C.

1. Paul è tornato in Italia per una vacanza studio.

2. Paul ha diciannove anni.

3. Compra dei francobolli.

4. Deve mandare il pacco in Australia.

5. Per via aerea il pacco ci mette almeno due settimane.

6. Il pacco pesa ottocento grammi.

7. Sul modulo deve scrivere il nome e l'indirizzo del mittente e del destinatario, il contenuto del pacco e il suo valore approssimativo.

8. Paulo paga quindici euro e cinquanta in tutto.

LIÇÃO 10

A.

1. Gli mando un pacco. – Glielo mando.

2. Gli dai la buona notizia. – Gliela dai.

3. Gli voglio parlare di questo problema. – Gliene voglio parlare. – Voglio parlargliene.

4. Vi posso comprare dei libri. – Ve li posso comprare. – Posso comprarveli.

5. Gli scrive il programma. (Scrive loro il programma.) – Glielo scrive (Lo scrive loro.)

6. Gli prenoto la stanza. – Gliela prenoto.

7. Vi compro i biglietti. – Ve li compro.

8. Ci mandate delle cartoline. – Ce le mandate.

9. Gli compriamo delle riviste. (Compriamo loro delle riviste. – Gliele compriamo. (Le compriamo loro.)

10. Vi devo prenotare la stanza in albergo. – Ve la devo prenotare. – Devo prenotarvela.

11. Gli devo restituire la chiave. – Gliela devo restituire. – Devo restituirgliela.

12. Ci date la notizia. – Ce la date.

13. Le devo portare il modulo. – Glielo devo portare. – Devo portarglielo.

14. Gli paghiamo il conto. – Glielo paghiamo.

15. Le posso regalare dei fiori. – Glieli posso regalare. – Posso regalarglieli.

16. Gli posso comprare dei libri. (Posso comprare loro dei libri.) – Glieli posso comprare. (Li posso comprare loro.) – Posso comprarglieli.

17. Gli scrivono delle lettere. – (Scrivono loro delle lettere.)
    – Gliele scrivono (Le scrivono loro.)

18. Le potete chiedere l'ora. – Gliela potete chiedere. – Potete chiedergliela.

19. Vi spediamo dei pacchi. – Ve li spediamo.

20. Le volete portare dei regali. – Glieli volete portare. – Volete portarglieli.

LIÇÃO 11

A.

1. Lo sta preparando.
2. Li stiamo cercando.
3. Li stai mettendo.
4. Le sta scrivendo.
5. Lo sta leggendo.
6. La stiamo preparando.
7. Lo stanno bevendo.
8. Lo state mangiando.
9. Le stiamo mandando.
10. La sto studiando.
11. Gli sto telefonando. (Sto telefonando loro.)
12. Le sto scrivendo.
13. La stanno mettendo.
14. Ci state andando.
15. Ci sto andando.
16. La stai comprando.
17. Lo stai prendendo.

B.

1. No, la vedrò il prossimo fine settimana.
2. No, ci andremo domani.

Respostas dos Exercícios

3. No, ci sarò il prossimo fine settimana.
4. No, lo spedirò domani.
5. No, ci ritornerò la prossima settimana.
6. No, ci sarò la prossima settimana.
7. No, li incontreremo domani.
8. No, la avremo domani. (No, l'avremo domani.)
9. No, ci verrà il prossimo fine settimana.
10. No, ci saremo domani.
11. No, le farò una visita domani.
12. No, ci andremo il prossimo fine settimana.
13. No, le inviteremo la prossima settimana.
14. No, ci andrò la prossima settimana.

C.(1)

1. Di quanto latte hai bisogno? Ho bisogno di un litro/mezzo litro di latte.
2. Di quanto prosciutto crudo hai bisogno? Ho bisogno di due etti di prosciutto crudo.
3. Di quanta carne hai bisogno? Ho bisogno di un chilo/mezzo chilo di carne.
4. Di quanto pane hai bisogno? Ho bisogno di un chilo/mezzo chilo di pane.
5. Di quanto caffè hai bisogno? Ho bisogno di due etti/mezzo chilo di caffè.
6. Di quanto vino hai bisogno? Ho bisogno di due litri di vino.
7. Di quante mele hai bisogno? Ho bisogno di un chilo/due chili di mele.
8. Di quanti spaghetti hai bisogno? Ho bisogno di un chilo/mezzo chilo di spaghetti.

C.(2)

1. Quanto latte ti serve? Me ne serve un litro.
2. Quanto prosciutto ti serve? Me ne servono due etti.
3. Quanta carne ti serve? Me ne serve un chilo.
4. Quanto pane ti serve? Me ne serve mezzo chilo.
5. Quanto caffè ti serve? Me ne servono due etti.

6. Quanto vino ti serve? Me ne servono due litri.

7. Quante mele ti servono? Me ne servono due chili.

8. Quanti spaghetti ti servono? Me ne serve un chilo.

LIÇÃO 12

Test di revisione

A.

1. la loro casa
2. sua festa
3. la sua macchina
4. loro libri
5. i tuoi fiori
6. le vostre rose
7. il mio/il tuo
8. le nostre penne e quelle sono le vostre

B.

1. G. M. e C. sono i nipoti di R. e J. Valli, sono i loro nipoti.
2. Carla è la cognata di R. Valli.
3. M. è il figlio di C. e M. Valli, è il loro figlio.
4. Lisa è la nipote di C. e M. Valli, è la loro nipote.
5. G. M. e C. sono i cugini di M. N. A. e L.
6. N. A. e M. sono i fratelli di L., sono i suoi fratelli.
7. J e R. Valli sono gli zii di G. M. e C., sono i loro zii.
8. Marcello è il nipote di J. e R. Valli, è il loro nipote.
9. R.Valli è il cognato di C. Valli.
10. J. e C. sono cognate.
11. M. e R. sono fratelli.
12. C. e G. sono le cugine di M., sono le sue cugine.
13. Marcello è il cugino di M. N. A. e L., è il loro cugino.

Respostas dos Exercícios

C.

1. Sì, lo voglio comprare./ Sì, voglio comprarlo.
2. Sì, le vedo.
3. Sì, li conosco.
4. Sì, la vogliamo conoscere./ Sì, vogliamo conoscerla.
5. Sì, lo saluto.
6. Sì, la guardo.
7. Sì, lo capisco.
8. Sì, li vogliamo ascoltare./ Sì, vogliamo ascoltarli.
9. Ne bevo tanti./ Ne bevo pochi./ Ne bevo solo due al giorno./ Non ne bevo, nessuno
10. Ci vado una volta al mese./ Non ci vado mai.
11. Ne voglio visitare tante./ Ne voglio visitare alcune./ Voglio visitarne tante./ Voglio visitarne alcune./ Non ne voglio visitare nessuno./ Non voglio visitarne nessuno.
12. Ne devo fare tanti./ Ne devo fare alcuni./ Devo farne tanti/ Devo farne a alcuni./ Non ne devo fare nessuno./ Non devo farne nessuno.
13. Ne so parlare due./ So parlarne due./ Ne so parlare tante./ So parlarne tante.
14. Sì, li devo leggere./ Devo leggerli.
15. Sì, le compriamo.
16. Ne compriamo tanti./ Ne compriamo pochi./ Ne compriamo due./ Non ne compriamo nessuno.
17. Sì, le incontro.
18. Sì, ne devo scrivere molte./ Sì, devo scriverne molte.

D.

1. Stanno venendo a cena – Verranno a cena.
2. Stiamo leggendo – Leggeremo.
3. Sto comprando – Comprerò.
4. Sto mandando – Manderò.
5. Sto guardando – Guarderò.
6. Stiamo ritornando – Ritorneremo.
7. Sta preparando i panini – Preparerà i panini.
8. Sto finendo – Finirò.

Respostas dos Exercícios

9. Stiamo facendo – Faremo.
10. State portando – Porterete.
11. Stiamo venendo – Verremo.
12. State scrivendo – Scriverete.

E.

caldo – freddo; vuoto – pieno; vecchio – nuovo/giovane **(para pessoas)**; economico – caro/costoso; bianco – nero; poco – molto/tanto; brutto – bello; bene – male

F.

1. poco da mangiare
2. niente da dichiarare
3. troppo da fare
4. molto da leggere
5. molto da vedere
6. molto da comprare
7. niente da mettermi
8. molto da raccontarle

G.

1. In salumeria.
2. In panetteria.
3. In edicola.
4. In tabaccheria.
5. Lista della spesa:

Oggi devo comprare: um chilo di patate, mezzo chilo di pomodori, un chilo di zucchero, due etti di caffè, um etto di prosciutto, due etti e mezzo chilo di formaggio, eccetera.

Colori:
6. Il cielo è azzurro quando è sereno e grigio quando è nuvoloso.
7. La neve è bianca.
8. I miei pantaloni sono _____;
9. mio vestito è _____, eccetera. **(As respostas podem variar.)**

LIÇÃO 13

A.(1)

1. Ci faccia questo lavoro!
2. Le mandi questa lettera!
3. Mi scriva questa informazione!

Respostas dos Exercícios

4. Risponda alla mia e-mail!
5. Faccia tutto il necessario!
6. Mi dica la verità!
7. Ci porti della birra!
8. Ci serva la colazione in camera alle nove!
9. Mi dia la sveglia alle otto!
10. Mi dia più tempo!
11. Ci indichi la strada!
12. Mi mostri la cartina!
13. Faccia una passeggiata ogni mattina!
14. Giri a sinistra!
15. Vada diritto per la galleria!
16. Vada fino alla piazza!
17. Imbocchi la prima traversa!
18. Attraversi al semaforo!

A.(2)

1. Ci legge questo documento?
2. Ci porta del vino e della birra?
3. Mi scrive queste lettere?
4. Gli manda un'e-mail?
5. Le porta il pacco a casa?
6. Mi dà il resto?
7. Ci porta le valigie?
8. Mi fa un favore?
9. Mi dice cosa ne pensa?
10. Mi aspetta all'uscita?

B.

1. Lavori bene!
2. Vada diritto per la galleria!
3. Legga il giornale!

Respostas dos Exercícios

4. Scriva l'e-mail!
5. Imbocchi la traversa giusta!
6. Attraversi al semaforo!
7. Dica il suo nome!
8. Ci dia abbastanza tempo per finire questo lavoro!
9. Faccia tutto il necessario!
10. Continui l'esercizio!
11. Ci dica tutta la verità!
12. Ci indichi la strada giusta!
13. Ci dia il resto!
14. Ci porti da bere!
15. Cammini a piedi!
16. Cerchi di ricordare!
17. Si fermi all'incrocio!

C.

Presente do indicativo	Futuro	Imperativo formal
mi indica	si troverà	scusi
riesce	troverà	mi dica
cerca	saranno	vada
chiede	vedrà	entri
mi indica		percorra
vediamo		attraversi
penso		imbocchi
attraverso		risalga
trovo		
faccio		
è		
vuole		
può		

Presente do indicativo	Futuro	Imperativo formal

preferisco

deve

vado

giro

arrivo

LIÇÃO 14

A.

1. Sì, l'ho già comprato stamattina.
2. Sì, l'ho già comprata stamattina.
3. Sì, li ho già comprati stamattina.
4. Sì, li ho già comprati stamattina.
5. Sì, l'ho già comprata stamattina.
6. Sì, l'ho già comprata stamattina.
7. Sì, l'ho già comprato stamattina.
8. Sì, li ho già comprati stamattina.
9. L'acqua minerale – Sì, l'ho già comprata stamattina.
10. Sì, le ho già comprate stamattina.
11. Sì, gliele ho già comprate.
12. Sì, gliel'ho già comprato.
13. Sì, gliele ho già comprate.
14. Sì, gliel'ho già comprata.
15. Sì, gliel'ho già comprata.
16. Sì, glieli ho già comprati.
17. Sì, gliel'ho già comprato.
18. Sì, gliele ho già comprate.

B.

1. da lunedì
2. per due anni
3. da due mesi
4. da due anni

Respostas dos Exercícios

5. per otto anni
6. da domenica
7. da più di tre mesi
8. per tre anni
9. per dieci anni

10. da tre settimane
11. per un mese
12. per tre giorni
13. da lunedì

LIÇÃO 15

A.

1. Anna li portava in giro.
2. Anna offriva.
3. dormivo bene.
4. facevamo molti bagni.
5. andava a sciare.

6. prendevano l'autobus.
7. mangiavo molto.
8. giocavano a calcio.
9. ci divertivamo molto.
10. veniva sempre.

B.

(a) Anna non è uscita perché era stanca.

(b) Paulo non ha pagato il conto perché non aveva soldi.

(c) Non siamo andati al cinema con gli amici perché non avevamo voglia.

(d) Abbiamo mangiato tutti i dolci perché avevamo fame.

(e) Non ho fatto l'esercizio perché era difficile.

(f) Non ho comprato quel bel vestito perché era caro.

(g) Carla è andata a letto presto perché aveva sonno.

(h) Abbiamo bevuto tutto il succo d'arancia perché avevamo sete.

(i) Anna è rimasta in ufficio perché aveva da fare.

(j) Marco non ha bevuto il caffè perché stava male.

(k) Correvo perché avevo fretta.

C.

1. senza comprare niente
2. prima di partire per Milano
3. invece di mettere il cappotto
4. invece di bere un caffè

5. senza salutare
6. prima di uscire di casa
7. prima di andare in ufficio

LIÇÃO 16

Test di revisione

A.

1. Prego, aspetti pure.
2. Prego, l'attraversi pure.
3. Prego, gli parli pure.
4. Prego, glielo compri pure.
5. Prego, lo prenda pure.
6. Prego, lo prenda pure.
7. Prego, le spedisca pure.
8. Prego, l'ascolti pure.
9. Prego, l'accenda pure.
10. Prego, fumi pure.
11. Prego, ci vada pure.
12. Prego, lo porti pure.
13. Prego, la compri pure.
14. Prego, telefoni pure.
15. Prego, le guardi pure.
16. Prego, lo mandi pure.
17. Prego, li inviti pure.
18. Prego, li cambi pure.
19. Prego, la percorra pure.
20. Prego, entri pure.
21. Prego, venga pure.
22. Prego, lo prenoti pure.
23. Prego, gliele compri pure.
24. Prego, la percorra pure.
25. Prego, giri pure.
26. Prego, li finisca pure.
27. Prego, la ripeta pure.
28. Prego, lo racconti pure.
29. Prego, li riveda pure.
30. Prego, glielo porti pure.
31. Prego, li prenda pure.
32. Prego, ci vada pure.
33. Prego, le cerchi pure.

B.

1. _____ mi addormentavo davanti al televisore.
2. _____ facevo una passeggiata.
3. _____ ho mangiato, ho bevuto e ho fumato molto.
4. _____ ho comprato CD perché non avevo più soldi, li ho finiti tutti.
5. _____ ho spedito i pacchi perché non avevo i francobolli.
6. _____ gli ho prestato il libro perché non l'avevo più, l'avevo perso.
7. _____ ho pagato il conto perché non avevo il portafoglio, non lo trovavo più.

Respostas dos Exercícios

8. _____ sono venuta a cena con te perchè ero molto occupata.
9. _____ sono andato a Parigi e sono ritornato sabato.
10. _____ mi svegliavo tardi e perdevo l'autobus.
11. _____ ho comprato il giornale e l'ho letto dopo pranzo.
12. _____ andavo in biblioteca e trovavo gli studenti che studiavano e facevano le loro ricerche.
13. _____ compravo le riviste di moda e le guardavo con lei nel pomeriggio.
14. _____ eravamo stanchi e avevamo sonno, abbiamo guardato la televisione e siamo andati a letto.
15. _____ ogni volta che andavi in biblioteca una signorina molto gentile ti aiutava a trovare i libri.
16. _____ facevamo dei viaggi, portavamo una borsa e una valigia.
17. _____ andavo spesso all'estero e preferivo viaggiare in aereo.
18. _____ tutte le volte che ti accompagnavo alla stazione facevamo sempre la stessa strada.
19. _____ ho detto agli studenti di preparare la relazione.
20. _____ ogni domenica mangiavo gli spaghetti e l'arrosto con le patate.
21. _____ facevo le fotografie ai bambini e le mandavo a tutti i parenti.
22. _____ tutti i sabati i miei amici organizzavano delle feste.
23. _____ tutte le domeniche andavamo a vedere le partite di calcio.
24. _____ gli ho telefonato ma non l'ho trovato.
25. _____ mi incontrava ma non mi salutava mai.
26. _____ l'ho chiamato non mi ha risposto.
27. _____ ho visto gli studenti e li ho salutati da parte tua.
28. _____ incontravo gli studenti e mi fermavo a parlare con loro.
29. _____ facevo dei lunghi viaggi e controllavo sempre il motore prima di partire.

C.

1. Glieli ha mandati Giulio.
2. Me l'ha mandata Paulo.
3. Ce l'hanno consigliato i miei amici.
4. Ce li ha venduti il bigliettaio.
5. Me le ha cambiate il cassiere della banca.
6. Li hanno invitati i loro amici.
7. Me l'ha dato la sua segretaria.
8. Ce le ha date l'impiegato.
9. Ce l'ha mandato il nostro cliente Mr. Brown.
10. Ce l'ha indicata il vigile.
11. Gliela abbiamo offerta noi.
12. Me l'ha portato Giulio.
13. Gliel'ha offerta Anna.
14. Li ha invitati Anna.
15. Gliel'ha mostrato Anna.
16. Gliel'ha ritrovata il portabagagli.
17. L'ha accompagnata Giulio.
18. Ce li ho portati io.

D.

ha lasciato, è ripartito, è andato, ha cambiato, Ha parlato, ha accettato, ha cercato, ha arredata, ha aperto, è messo.

E.

1. Anna e Giulio non sono potuti entrare in casa perchè non avevano le chiavi.
2. Quei miei amici inglesi sono partiti ieri ma mi hanno promesso che mi scriveranno.
3. Ieri le banche erano chiuse.
4. Abbiamo visto delle belle giacche bianche e vogliamo comprarle.
5. Andiamo all'ufficio postale a spedire dei pacchi e a mandare delle lettere.

Respostas dos Exercícios

6. Vi piacciono questi panini con formaggio e prosciutto?
7. Gli studenti non capiscono le spiegazioni di questi problemi.
8. Non ci sono piaciuti gli spettacoli che abbiamo visto con Paulo.
9. Non ci ricordiamo come si chiamano le città tedesche che abbiamo visitato.
10. Non avete fatto gli esercizi più difficili e non avete studiato le lezioni nuove.
11. Gli agenti immobiliari hanno comprato dei begli appartamenti e li hanno arredati con cura.
12. Preferiamo passare i fine settimana al mare.

LIÇÃO 17

A.
1. Si parla.
2. Si beve.
3. Si cena.
4. Non si lavora.
5. Si va a letto.
6. Si è, si può, si vuole.
7. Si sta.
8. Si va, si prende.

B.
1. La carne si compra dal macellaio/in macelleria.
2. I formaggi si comprano in salumeria.
3. Il pane si compra al panetteria.
4. I giornali si comprano dal giornalaio/in edicola.
5. I francobolli si comprano dal tabaccaio.
6. L'aspirina si compra in farmacia.

C.

1. che bella
2. di Roma
3. di suo fratello
4. che grande
5. di quello
6. che persone
7. che viaggiare
8. della macchina
9. di Arturo
10. di quello
11. dei tuoi
12. di quelli francesi
13. che scrivere
14. che comico

LIÇÃO 18

A.

1. È meglio che facciano le valigie.
2. Non basta che sia ricco.
3. È necessario che guidino con prudenza.
4. Bisogna che arrivino puntualmente alle sei.
5. È bene che facciano tutti gli esercizi.
6. È male che escano presto.
7. Non basta che compri tutto nei migliori negozi.
8. È meglio che andiamo in vacanza a settembre.
9. È bene che facciate tutto quel lavoro da soli.
10. È male che restiate tutto il tempo al sole.

B.

1. ritorni
2. sappia
3. succeda
4. escano
5. sia
6. parta
7. faccia
8. conosca
9. arrivi
10. faccia
11. studino
12. venga
13. legga

C.

1. Qualche modello di scarpe.
2. Ci vuole qualche ora di viaggio.
3. Qualche bottiglia di vino.
4. Qualche libro?
5. Qualche CD di musica classica.
6. Si pubblica qualche giornale.

LIÇÃO 19

A.

1. potrebbe
2. leggerebbero
3. preparerebbe
4. andrebbe
5. vorrebbe
6. gli direi
7. daremmo
8. aiutereste
9. dovremmo
10. fareste

B.

1. potremmo
2. vorrebbe
3. presenteresti
4. faresti
5. verrebbe
6. potreste
7. potrebbe
8. verresti
9. verreste
10. dispiacerebbe
11. vorreste
12. potremmo
13. potresti
14. potremmo
15. vorrebbe

LIÇÃO 20

Test di revisione finale

A.

1. Te la porterei volentieri, ma non posso.
2. Te li comprerei volentieri, ma non posso.

3. Te lo offrirei volentieri, ma non posso.

4. Te li cambierei volentieri, ma non posso.

5. Te la farei volentieri, ma non posso.

6. Te la darei volentieri, ma non posso.

B.

1. Se me la chiederà, gli presterò la macchina.

2. Lo aiuterò, se sarà possibile./ Lo aiuto, se è possibile.

3. Li incontreremo, se andremo alla festa./ Li incontriamo, se andiamo alla festa.

4. Se telefonerai, potrai prenotare la stanza./ Se telefoni, puoi prenotare la stanza.

5. Se manderai un'e-mail, li informerai in tempo./ Se mandi un'e-mail, li informi in tempo.

6. Se avremo più tempo, verremo a Boston in luna di miele./ Se abbiamo più tempo, veniamo a Boston in luna di miele.

C.

1. Il giorno prima del matrimonio Giulio è stato molto occupato.

2. Prima di pranzo ha ritirato il vestito dal negozio.

3. All'ora di pranzo ha telefonato ad Anna.

4. Dopo pranzo è andato a prendere Paul all'aeroporto.

5. Di pomeriggio ha fatto spese.

6. Prima di cena ha ordinato dei fiori per Anna.

7. La sera, poi, è andato a cena a casa di Anna.

D.

1. (a)
2. (c)
3. (c)
4. (a)
5. (c)
6. (a)
7. (c)
8. (b)
9. (b)
10. (a)
11. (a)
12. (b)
13. (c)
14. (c)
15. (b)
16. (a)
17. (a)
18. (c)

Respostas dos Exercícios

E. *As respostas às perguntas que não se encontram a seguir podem variar.*

13. Ci sono cinque personaggi principali in questo corso.
    Paul, uno studente americano.
    Marco Valli, australiano, professore d'italiano in una scuola di Milano, e sua moglie Carla.
    Anna Alberti, italiana di Roma, agente di viaggi, e il suo amico Giulio, italiano di Roma.

15. Il corso è iniziato a Milano, con l'incontro e la presentazione del professor Valli, di Anna e di Paul.

16. È finito a Roma, qualche anno dopo, con il matrimonio di Anna e Giulio.
    Paul, dopo un corso all'Università Bocconi di Milano, è tornato a Boston e ha aperto uno studio commerciale.
    Paul e Marco Valli, quando vanno a Roma, vanno a trovare Anna e Giulio.
    Anche Anna e Giulio vanno spesso a Milano per lavoro e sono ospiti di Carla e Marco Valli.

17. Ne sono menzionate sette: Roma, Milano, Firenze, Torino, Venezia, Portofino e Genova.

GLOSSÁRIO

a buon mercato: barato
A che ora?: A que horas?
a destra: à direita
a partire da: a partir de
a proposito (di): a propósito
a richiesta: mediante pedido/solicitação
a sinistra: à esquerda
a: a/para (indicando destino), em (antes de nomes de cidades)
abbastanza: suficiente, bastante
abbigliamento da donna/femminile: roupas femininas
abbigliamento da uomo/maschile: roupas masculinas
abbinare: combinar
abitare a Roma: morar em Roma
abitare: morar/viver
accanto a: ao lado de, perto de
accorgersi: perceber, dar-se conta de
acqua minerale: água mineral
adesso: agora
aeroporto: aeroporto
affari: negócios
affittare: alugar
agenda: agenda
agenzia di viaggi: agência de viagens
agitato: agitado
agosto: agosto
aiutare: ajudar
albergo: hotel
alcuni: alguns, poucos
all'angolo: na esquina
all'aperto: ao ar livre
allegro: alegre (música/pessoa), contente, vívido (cor)
alloggio: hospedagem, acomodação, alojamento
allora: então, naquele momento
alta stagione: alta estação
amaro: amargo, não adoçado
amico: amigo
analcolico: bebida não alcoólica
anche: também
ancora: ainda, de novo, novamente
andare a letto: ir para a cama, ir dormir

Glossário

andare a piedi: ir a pé, caminhar
andare a sciare: ir esquiar
andare dritto: seguir reto, ir em frente
andare in aereo: ir de avião
andare in autobus: ir de ônibus
andare in ferie: sair de férias
andare in macchina: ir de carro
andare in metropolitana: ir de metrô
andare in montagna: ir às montanhas
andare in taxi: ir de táxi
andare in treno: ir de trem
andare: ir
angolo: esquina, ângulo
anno: ano
anzi: ao contrário, pelo contrário
aperto: aberto
appartamento: apartamento
appena: assim que
approssimativo: aproximado
appuntamento: hora marcada, encontro
aprile: abril
arancione (pl. **arancioni**): laranja (cor)
architetto d'interni: decorador
aria condizionata: ar-condicionado
arrabbiarsi: ficar com raiva
arredamento: mobília e decoração
arrivare: chegar
arrivederci a presto: até mais!/até logo!/nos vemos em breve!
articoli da regalo: artigos de presente, lembranças
articolo/capo di abbigliamento: artigo de vestuário
ascensore: elevador
ascoltare la musica: escutar música
aspettare il treno/l'autobus: esperar o trem/o ônibus
aspettare: aguardar, esperar
atrio dell'albergo: saguão do hotel
attenda (formal): aguarde, espere
attenda un attimo (formal): aguarde/espere um instante
attendere: aguardar, esperar
attraversare: atravessar
attraverso: através de, por
augurare: desejar (algo a alguém)
augurio: desejo, voto (no sentido de desejar algo a alguém)
autostrada: autoestrada
autunno: outono
avere bisogno di: precisar de, necessitar de, ter necessidade de

257

Glossário

avere fame: estar com fome, ter fome
avere paura: temer, ter/sentir medo
avere ragione: ter razão, estar certo/certa
avere sete: estar com sede, ter sede
avere sonno: ter sono, estar com sono
avere torto: estar errado/errada
avere una fame da lupo: ter uma fome de leão (literalmente: fome de lobo)
azzurro: azul-claro/azul-celeste

bagaglio (a mano): bagagem (de mão)
bagno: banheiro
bambino: criança, menino, garoto
banco delle occasioni: seção de liquidação/descontos
banco di vendita: balcão de vendas
bar: cafeteria, bar, lanchonete
bassa stagione: baixa estação
beige: bege
belga: belga
bello: belo, bonito, legal
bene: bem
bere: beber, tomar
bevanda alcolica: bebida alcoólica
bevanda non alcolica: bebida não alcoólica
biancheria intima: roupas íntimas
biancheria: artigos de cama, mesa e banho
bianco: branco
biblioteca: biblioteca
bicchiere: taça, copo
bicicletta: bicicleta
biglietteria: bilheteria
biglietto di auguri: cartão comemorativo, cartão de parabéns
biglietto: passagem, bilhete, ingresso
binario: plataforma (de trem)
biscotti: biscoitos
bisogno: necessidade
blu: azul-escuro/azul-marinho
borsa: bolsa
bottiglia: garrafa
breve: breve, curto (com referência a tempo)
brindare: brindar
brutto/brutta: feio
buon gusto: bom gosto
Buon viaggio!: Boa viagem!
Buona fortuna!: Boa sorte!
buongiorno: bom-dia

Glossário

burro: manteiga

C'è vento.: Está ventando.
caffè macchiato: café com algumas gotas de leite
caffè ristretto: café preto forte
caldo: calor (substantivo), quente (adjetivo)
calze da donna: meias-calças, meias femininas
calze da uomo: meias masculinas
calze: meias-calças, meias
camera da letto: quarto
camera matrimoniale/doppia: quarto de casal, quarto duplo (em hotéis, albergues etc.)
camera singola: quarto simples (em hotéis, albergues etc.)
camera: quarto
cameriere: garçom
camicetta: blusa, camisa feminina
camicia bianca: camisa branca
caminetto: chaminé
camminare: caminhar, andar
campagna: campo, interior
cancellare: cancelar, apagar
capelli: cabelos
capire: entender, compreender
capoufficio: chefe
cappotto: casaco, sobretudo
carne: carne
caro: caro, querido, prezado
carrello: carrinho
carta da parete: papel de parede
cartelli stradali: placas de trânsito
cartina/piantina: mapa
cartolina: cartão-postal
casa: casa
cassiere: caixa (funcionário)
cattedra: mesa (do professor)
cattivo gusto: mau gosto
cena: janta
cenare: jantar
cercare: procurar, buscar
certamente: certamente
certo: claro
cestino: cesta
Che cosa fa/fai? (formal/informal): O que você faz?
Che ora è/che ore sono?: Que horas são?
Che peccato!: Que pena!

Glossário

Che taglia porta? (formal): Que tamanho você veste?
Che tempo fa?: Como está o tempo?
chiacchierare: conversar, bater papo
chiacchierata: conversa, bate-papo
chiaro, più chiaro: claro, mais claro
chiave: chave
chiedere/domandare: pedir/perguntar
chilo: quilo
chilometro: quilômetro
chissà: talvez, quem sabe?
chiuso: fechado
ci: lá (adv. de lugar); nos, a nós (pron. oblíquo)
ciao: olá/oi, tchau
cielo: céu
Cin cin!: Tim-tim!/ Saúde!
cinema: cinema
cinghia: correia
circa: aproximadamente, cerca de
circonvallazione: anel rodoviário, circunvalação, avenida perimetral
città: cidade
cliente: cliente
cognato: cunhado
cognome: sobrenome
colazione al sacco: piquenique
colazione: café da manhã
collega: colega
collo: pescoço
colori (masculino)**:** cores
Come mai?: Como é possível? / Como assim? / Mas como?
Come si chiama? (formal): Como você se chama?
Come sta? (formal): Como vai?
Come ti chiami? (informal): Como você se chama?
come: como
comico: cômico
cominciare: começar
commedia: comédia/peça de teatro
commesso: vendedor, atendente
comodità: comodidade
comodo: confortável, conveniente
compagno di scuola: colega de escola
compagno di viaggio: colega de viagem
compagno: colega, companheiro
compilare un modulo: preencher um formulário
compilare: preencher
completamente, perfettamente: completamente, perfeitamente, absolutamente

complicato: complicado
comprare: comprar
con: com
concerto: concerto, show (de música)
confessare: confessar
confortevole: confortável
conforto: conforto
confrontare: comparar
congresso: congresso
conoscere: conhecer
contare: contar
contento/contenta: contente
contenuto: conteúdo
conto: conta
controllare: checar, verificar
convegno: reunião, convenção, congresso
conveniente: conveniente
coppia: casal
cornetto: croissant
correre: correr
Cosa c'è?: O que há?
Cosa?: O quê?
così: tão, tanto, assim
costare: custar
cravatta: gravata
cucina: cozinha
cugino: primo
cuocere: cozinhar
curare: cuidar, tomar conta

da molto/da molto tempo: há muito, há muito tempo
da qui: daqui
da: há, desde
dalle 8.30 alle 17.30: das 8h30 às 17h30
davanti a: na frente de
debole: fraco
decidere: decidir
decisione: decisão
deciso: decidido, determinado
delicato: delicado
dentro: dentro
Desidera? (formal): O que deseja?
desiderare: querer, desejar
Desidero/Desidererei...: Eu quero/gostaria...
destinatario: destinatário

Glossário

Di dov'è? (formal): De onde você é?
Di dove sei? (informal): De onde você é?
di fronte a: para frente
di lana: de lã
di proposito: de propósito, intencionalmente
di solito: geralmente, frequentemente
di: de
dicembre: dezembro
dieta: dieta
dietro: atrás
difficile: difícil
dimenticare: esquecer
dimenticarsi di: esquecer-se de
dipingere: pintar
dire: dizer
direttamente: direto, diretamente
direttore: diretor
disfare le valigie: desfazer as malas
disponibile: disponível
distribuire qualcosa a tutti: distribuir/entregar algo a todos
distrutto: acabado, destruído
diversi: diversos, vários, diferentes
diverso: diferente, diverso
divertente: engraçado, divertido
divertimento: entretenimento, divertimento, espetáculo
divertirsi: divertir-se
documento (**d'identità**): carteira/documento de identidade
dogana: alfândega
dolce: doce, sobremesa
domanda: pergunta, solicitação, pedido, requerimento
domani: amanhã
domenica: domingo
dormire: dormir
Dov'è?: Onde está?
dove: onde
dovere: dever, ter que

e: e
è: é
eccezione: exceção
Ecco!: Aqui está!
economico: barato, econômico
edicola: banca de jornal
effetti personali: pertences, objetos pessoais
efficiente: eficiente

Glossário

elegante: elegante
e-mail (feminino): e-mail
escluso: excluindo, com exclusão de
esposizione: mostra, exposição
espresso: correspondência expressa/prioritária
essere a dieta: estar de dieta
essere amante di: ser amante de, ser fã de, adorar
essere di moda: estar na moda
essere fuori moda: estar fora de moda
essere giù di tono: estar para baixo, não estar muito bem (em termos de ânimo, humor, saúde etc.), fora de forma
essere in anticipo: chegar antes da hora, adiantado
essere in forma: estar em (boa) forma
essere in ritardo: estar atrasado, chegar atrasado
essere molto richiesto: ser muito popular/solicitado
essere puntuale: ser pontual/chegar na hora
essere: ser
est: leste
estate: verão
etto: cem gramas
evento: evento

fa bel tempo/brutto tempo: o tempo está bom/ruim
fa caldo/freddo: faz calor/frio
Faccia come Le pare. (formal): Faça como você/preferir.
facile: fácil
Fai come ti pare. (informal): Faça como você/preferir.
far/fare male : fazer mal
far/fare presto: fazer logo
fare affidamento su: contar com
fare bene: fazer bem
fare colazione: tomar café da manhã
fare domanda: requerer, pedir, solicitar
fare gli auguri: felicitar, dar parabéns
fare in modo: dar um jeito
fare la fila: esperar na fila, fazer uma fila
fare la spesa: fazer compras (de supermercado)
fare le valigie/i bagagli: fazer as malas
fare quattro passi/due passi: dar uma volta, fazer um passeio
fare spese: fazer compras
fare un brindisi a: fazer um brinde a
fare un giretto: dar uma voltinha
fare: fazer
febbraio: fevereiro
felicità: felicidade

Glossário

fermarsi: parar (de se movimentar)
festa: festa
festeggiare: festejar, celebrar, comemorar
fetta: fatia
fidarsi di: confiar em
fiera campionaria: feira de negócios
figlia: filha
figlio: filho
fila: fila
finanza: finanças
fine settimana: fim de semana
finire: terminar, acabar
fino a: até
fiore (masculino): flor
forma: forma
formaggio: queijo
forte: forte
fotografia: fotografia
fragola (feminino): morango
francese: francês/francesa
francobollo: selo
fratello: irmão
freddo: frio
frenetico: frenético
frequentare: frequentar/fazer (p. ex., um curso)
frigorifero: refrigerador, geladeira
frutta: fruta
fruttivendolo: fruteiro, quintandeiro (pessoa que vende)
fumare: fumar
funzionare: funcionar

gelato: sorvete
generalmente: geralmente
genero: genro
genitori: pais
gennaio: janeiro
gentile: gentil, educado
ghiaccio: gelo
già: já
giacca: jaqueta, paletó
giallo: amarelo
giocare: jogar, brincar
giocattolo: brinquedo
giornale: jornal
giorno: dia

giovane: jovem
giovedì: quinta-feira
girare: virar, girar
giugno: junho
giusto: certo, correto, justo
grammo: grama (medida de peso)
grasso: gordo
grato: grato, agradecido
grazie: obrigado
Grazie mille.: Muito obrigado.
grigio: cinza
gruppo: grupo
guardare in giro: olhar ao redor, dar uma olhada ao redor
guardare: olhar
guidare: dirigir (veículos)
gusto: gosto

idea: ideia
ieri sera: ontem à noite
ieri: ontem
illeggibile: ilegível
imboccare/prendere: tomar/pegar, virar (em uma rua etc.)
impegnato/impegnata: ocupado/ocupada (no telefone: a linha está ocupada: **la linea è occupata**)
impegno: compromisso
impermeabile: capa de chuva, impermeável
impiegato: atendente, funcionário, empregado
improvvisamente/all'improvviso: repentinamente, de repente
imprudente: imprudente, descuidado/descuidada
imprudenza: imprudência
in campagna: ao/no campo
in montagna: às/nas montanhas
in punto: em ponto
in qualunque momento: a qualquer momento
in qualunque posto: em qualquer lugar
in tutto: no total
incluso: incluindo, inclusive
incontrarsi: encontrar-se
incrocio: cruzamento
indicare: dar instruções, mostrar/explicar o caminho, indicar
indicazioni: instruções, indicações
indirizzo: endereço
indossare: colocar, pôr, vestir
industria dell'abbigliamento: indústria do vestuário
infatti: de fato, na verdade

Glossário

informazione: informação
ingresso: entrada
inoltre: além disso
insegnante: professor/professora
insegnare: ensinar
insieme: juntos/juntas
intelligente: inteligente
interessante: interessante
interpersonale: interpessoal
intonarsi (al colore): combinar (cor)
inverno: inverno
investimento: investimento
investire: investir
invidioso: invejoso
invitare: convidar
invito: convite
io: eu

laggiù: ali, por ali, ali embaixo
lago: lago
lampada: abajur
lana: lã
lassù: la em cima, ali em cima
latte: leite
lavorare: trabalhar
Le serve niente? (formal): Você precisa de algo?
leggere: ler
leggibile: legível
lento: lento, devagar
lettera: carta, letra
letto: cama
lezione: lição, aula
lì/là: ali/lá
libero: livre, desocupado
libro: livro
lieto: encantado, muito contente
limone: limão
lista della spesa: lista de compras
lista di nozze: lista de presentes de casamento
litro: litro
località balneare: região de turismo litorâneo
località di villeggiatura: região de veraneio/de férias
località montana: região de turismo nas montanhas
lontano: longe, distante
luglio: julho
luna di miele: lua de mel
lunedì: segunda-feira
lungo: longo, comprido

Glossário

ma: mas
macchina fotografica: câmera/máquina fotográfica
macchina: carro
macelleria: açougue
madre: mãe
magazzino: depósito
maggio: maio
maglieria: artigos de tricô
magro: magro
mai: nunca, jamais
malgrado: apesar de
mamma: mamãe
mancare: sentir falta
mandare un'e-mail/una lettera/una cartolina: mandar um e-mail/uma carta/um cartão-postal
mandare: mandar, enviar
mangiare: comer
manico: alça (de bolsa, mala)
mare: mar, praia
marito: marido
marrone: marro
martedì: terça-feira
marzo: março
matita: lápis
matrimonio: casamento, festa de casamento
mattina: manhã
mela: maçã
Meno male!: Ainda bem!
mercoledì: quarta-feira
mese: mês
metro: metro
mettere a letto: pôr na cama
mettere qualcosa a disposizione di qualcuno: colocar algo à disposição de alguém
mettere: colocar, pôr
mettersi a tavola: sentar-se à mesa
mettersi: colocar, pôr, vestir
mezz'ora: meia hora
mezza pensione: meia pensão (em hotéis, albergues etc.)
mezzanotte: meia-noite
mezzo chilo: meio quilo
mezzogiorno: meio-dia
Mi dica? (formal): Posso ajudá-lo?
Mi dispiace.: Perdão./ Sinto muito.
misura di scarpe: tamanho de calçado
misura: medida, tamanho
mittente: remetente
mobili: móveis
modello: modelo
moderare la velocità: diminuir a velocidade

modulo: formulário
moglie: esposa
molto bene: muito bem
molto: muito
mondo: mundo
moneta: moeda
montagna: montanha
morbido: macio
mostra: mostra, exibição
mostrare: mostrar
museo: museu
musica: música

nazionalità: nacionalidade
nebbia: neblina
negozio: loja
nero: preto
nessuno: nenhum, ninguém
neve: neve
nevicare: nevar
Nient'altro?: Mais alguma coisa?
niente: nada
no: não
noioso/noiosa: chato/chata, entediante
nome: nome
non ancora: ainda não
non avere gusto: não ter gosto
non c'è bisogno: não há necessidade
non grasso: com baixo teor de gordura
Non me ne dimenticherò: Não me esquecerei (disso)
Non si preoccupi./ Stia tranquillo. (formal): Não se preocupe./ Fique tranquilo.
nonna: avó, vovó
nonno: avô, vovô
nord: norte
notizia: notícia
novembre: novembro
nozze (pl.): festa de casamento
numero: número
nuora: nora
nuovo: novo (não é usado para pessoas)
occhio: olho
offerta: oferta
offrire: oferecer
oggi: hoje
ogni: cada, todos
ombrello: guarda-chuva

operatore turistico: agente de viagens
opportunità: oportunidade
oppure: ou então
ora: hora, agora
orario d'ufficio: horário comercial, horário do escritório, horário de expediente
ordinare: pedir, solicitar, fazer um pedido (de compra), ordem
ordinazione: pedido (de compra)
ordine del giorno: pauta de reunião
ordine: pedido (de compra)
organizzare: organizar
orologio: relógio
ospitare: hospedar
ospite: hóspede
ottimo: ótimo
ottobre: outubro
ovest: oeste

pacco: pacote
padre: pai
paese: cidade pequena, aldeia, povoado, país
pagare: pagar
paio (pl. **paia**): par
paio di pantaloni: par de calças
paio di scarpe: par de sapatos
panificio: padaria
panna: creme
pantaloni: calças
papà: papai
parco: parque
parente: parente
parlare: falar
partecipare: participar
partire: partir, sair
passaporto: passaporte
passare (**il tempo**): passar (o tempo)
passeggiare: passear
pasta (geralmente no singular): massa (p. ex., macarrão, lasanha etc.)
pasta: tortinhas, biscoitos e outros artigos doces de padaria (geralmente pequenos)
pasto: refeição
patente: carteira de motorista
pausa pranzo: horário de almoço
pazzo: louco, maluco
penna: caneta
pensare: pensar
pensione: pensão, albergue

pensione completa: pensão completa (em hotéis, albergues etc.)
per caso: por acaso
per piacere, per favore: por favor
per: por, durante
perché: por que, porque
percorrere: percorrer
percorso: percurso, caminho
perdere il treno: perder o trem
perdere: perder
perdersi: perder-se
perdita: perda, prejuízo
pesare: pesar
pesce: peixe
pezzo: pedaço
piacere: gostar (a construção segue o padrão de "agradar" em português)
Piacere./ Molto piacere: Prazer./ Muito prazer.
piacevole: prazeroso, agradável
piano: andar, piso (de edifício)
pianoterra: térreo (andar/piso)
piazza: praça
piccolo: pequeno
pieno: cheio
pigro: preguiçoso
pinacoteca: pinacoteca
pioggia: chuva
piovere: chover
più di: mais de
più tardi: mais tarde
piuttosto presto/tardi: um tanto cedo/tarde, muito cedo/tarde
poco: pouco, não muito
poi: depois
pollo: frango
pomeriggio: tarde (parte do dia)
portabagagli: carregador de bagagens
portare in giro: levar para dar uma volta
portare: levar, trazer, carregar
portiere: porteiro
possibilmente/eventualmente: possivelmente/eventualmente
Posso avere la sveglia a…?: Posso ser despertado às...?
Posso offrirle da bere? (formal): Posso oferecer-lhe algo para beber?
potere: poder (verbo e substantivo)
povero/povera: pobre
pranzare: almoçar
pranzo: almoço
precisamente/proprio così: precisamente, assim mesmo
preferire: preferir
preferito: favorito, preferido
prendere il treno: pegar o trem
prendere in prestito: pegar emprestado
prendere l'aereo: pegar o avião
prendere l'autobus: pegar o ônibus

prendere la metropolitana: pegar o metrô
prendere un taxi: pegar um táxi
prendere: pegar
prenotare: reservar
prenotazione: reserva
preoccuparsi: preocupar-se
preparare: preparar(-se)
preparare la colazione/il pranzo/la cena: preparar o café da manhã/almoço/jantar
presentare: apresentar
presentazione: apresentação
prestare: emprestar
prestito: empréstimo
presto: cedo, logo, em breve
primavera: primavera
primo: primeiro
principale: principal
professore: professor
programma: programa, programação, plano
promettere: prometer
Pronto?: Alô? (ao telefone)
prosciutto: presunto
prossima volta: próxima vez
provare (un sentimento): experimentar (um sentimento)
provare: provar, experimentar, tentar
provarsi: provar, experimentar (roupa, sapato etc.)
prudente: cuidadoso, prudente
pullover: pulôver, suéter
puntuale: pontual
purtroppo, sfortunatamente: infelizmente

quaderno: caderno
quadro: quadro
qualche volta: às vezes, algumas vezes
qualche: alguns/algumas (seguido de substantivo no singular)
qualcosa: alguma coisa, algo
Quale?: Qual?
qualunque, qualsiasi: qualquer (um/uma)
quando: quando
Quanto tempo?: Quanto tempo?
quanto: quanto
quarto d'ora: quinze minutos
quasi: quase
quello: aquilo/aquele
questo: isto/este
qui vicino: aqui perto

Glossário

qui/qua: aqui

raccomandata: correspondência registrada
radunare, riunirsi: reunir-se, encontrar-se
ragazza: garota, moça
ragazzo: garoto, rapaz
raggiungere: alcançar, chegar a
rapporto: relação, relacionamento
regalare: presentear, dar de presente
regalo di nozze: presente de casamento
regalo: presente
reparto: seção, departamento
reparto regali: seção de presentes
reparto uomo: seção masculina
restare: ficar, permanecer
restituire: devolver
resto: troco
ricco: rico
richiedere: solicitar, pedir
richiesta: solicitação, pedido
richiesto: popular, solicitado
ricordare: lembrar
ricordarsi di: lembrar-se de
riga: linha
rilassante: relaxante
rilassarsi: relaxar
rilassato: relaxado
rimanere/restare: ficar, permanecer
riposarsi: descansar, repousar
riscaldamento: aquecedor, calefação
riso: arroz
rispondere: responder
risposta: resposta
ristorante: restaurante
ritirare: retirar, buscar
ritornare: voltar, retornar
ritornare a casa: voltar a casa
riunione di lavoro: reunião de negócios/trabalho
riuscire: conseguir
rivista di moda: revista de moda
rivista: revista
romanzo: romance
rosa: rosa (flor)
rosa: cor-de-rosa
rosso: vermelho

Glossário

rotonda: rotatória

sabato: sábado
sala da pranzo: sala de jantar, restaurante (de hotel)
salire: subir
salsicce: linguiças
salumeria: mercearia
salutare: cumprimentar
salute!: Tim-tim!/ Saúde!
sapere: saber
sbagliarsi: enganar-se, errar
sbagliato: errado
scaffale: prateleira
scala mobile: escada rolante
scale (plural): escada, escadaria
scatola: caixa
scegliere: escolher
scelta: escolha
scendere: descer
scherzare: brincar
sciare: esquiar
sciarpa: cachecol, echarpe
sciocchezza: bobagem
scioperare: entrar em greve, fazer greve
sciopero: greve
scomodo: desconfortável
scrivania: escrivaninha, mesa de trabalho
scrivere: escrever
scuola: escola
scuro, più scuro: escuro, mais escuro
sedere: sentar
sedersi: sentar-se
sedia: cadeira
segretario: secretário
seguire: seguir
semaforo: semáforo
sembrare: parecer, assemelhar-se
sempre: sempre
sentire: ouvir, sentir
senz'altro: sem dúvida, certamente
sera: noite
servire la colazione/il pranzo/la cena: servir o café da manhã/almoço/jantar
servire: servir, precisar
servirsi: servir-se
settembre: setembro

273

settimana di vacanza: semana de férias
settimana prossima: próxima semana
settimana scorsa: semana passada
sfilata di moda: desfile de moda
sformarsi: deformar-se
sgarbato: rude, grosseiro, mal-educado
sì: sim
sicuramente/di sicuro: certamente, com certeza
signorina: senhorita
simpatico: simpático
sistemarsi: acomodar-se, ajeitar-se, instalar-se, constituir família
smarrire: perder (p. ex., um objeto)
smettere: parar (de fazer algo)
sociale: social
società: sociedade, empresa
soggiorno: sala de estar, estadia
soldi (plural): dinheiro
sole: sol
soltanto: só, apenas, somente
somigliare: parecer, assemelhar-se
sorella: irmã
sostanzioso: substancioso, substancial
sottaceti: picles, alimentos em conserva
sperare: esperar (no sentido de ter esperança)
spesso: com frequência, frequentemente
spettacolo: show, espetáculo
spiaggia: praia
spiccioli: moedas, trocados
spingere: empurrar
sport invernali: esportes de inverno
sportello: guichê
sposa: noiva (no dia do casamento), esposa
sposarsi: casar-se
sposo: noivo (no dia do casamento), esposo
sprecare: perder, desperdiçar
stai scherzando! (informal): Você está de brincadeira!/ Você está brincando!
stagione: estação (do ano)
stamattina: hoje pela manhã
stanco/stanca: cansado/cansada
stanza degli ospiti: quarto de hóspedes
stanza: quarto, apartamento (de hotel)
stare: estar
stasera: hoje à noite
stazione: estação (de trem)
Stia tranquillo, che ce la fa! (formal): Fique tranquilo que vai dar tudo certo!

Glossário

Sto bene.: Estou bem.
Sto male.: Estou mal.
straniero/straniera: estrangeiro/estrangeira
studente: estudante
studiare: estudar
(uno) studio: (um) escritório, quarto de estudos
stupendo: maravilhoso, excelente
su: em cima, para cima
succedere: acontecer, ocorrer
succo d'arancia: suco de laranja
sud: sul
suggerire di fare: sugerir fazer
suggerire/proporre: sugerir, propor
sul tardi: mais tarde, à noite
suocero/suocera: sogro/sogra
suona meglio: soa melhor
suonare: tocar (p. ex., instrumento musical, telefone), soar
svago, per svago: por prazer
sveglia telefonica: despertador por telefone
sveglia: despertador
svendita: desconto, liquidação
svizzero/svizzera: suíço/suíça

tabaccaio: tabacaria
taglia di abito: tamanho de vestido
tale e quale: tal e qual
tante grazie: muito obrigado
Tanti auguri!: Parabéns!/ Muitas felicidades!
tanto: tão, tanto
tardi: tarde (em oposição a "cedo")
tavolino: mesa de centro
tavolo: mesa
tazza da tè: xícara de chá
tazza: xícara, taça
tè: chá
teatro: teatro
tedesco/tedesca: alemão/alemã
telefonare: ligar, telefonar
televisore: televisão
temere: temer, ter medo
tempo libero: tempo livre
tempo: tempo (tanto no sentido de horas como de clima)
tende (plural): cortinas
tenere: guardar (ficar com), manter, segurar
termosifone: radiador, aquecedor

tessuto: tecido
Ti serve niente? (informal): Você precisa de algo?
tintoria: lavanderia, tinturaria
tipo di dolce: tipo de doce
tirare su: animar, alegrar
tirare: puxar
Torna presto! (imperativo): Volte logo!
tornare/ritornare: voltar/retornar
Torno presto.: Volto logo.
Torno subito.: Volto rápido.
torta: torta, bolo
tra una settimana: em uma semana
tra: daqui a, em (indicando, p. ex., intervalo de tempo), entre
tranquillo/tranquilla: tranquilo/tranquila
trascorrere: passar (tempo)
trasferirsi: mudar-se
traversa: travessa, rua transversal
tremendo/tremenda: terrível, péssimo/péssima
troppo/troppa: demais
trovare: encontrar, achar
trovarsi bene/male: sentir-se bem/mal, estar gostando ou não
tu: tu/você
turista: turista
tutto il giorno: o dia inteiro, o dia todo

ufficio Cambio: loja de câmbio
Ufficio oggetti smarriti: Setor de achados e perdidos
ufficio postale: correio
ufficio: escritório
ultima volta: última vez
ultimo piano: último andar
ultimo/ultima: último/última
un po': um pouco
unirsi a/venire con: juntar-se a, ir com (alguém a algum lugar)
uovo (pl. **uova**): ovo
uscire: sair
uscita: saída
Va bene!: Tudo bem!/ Está bem!
vacanza: férias
vado: vou
valigia: mala
valore: valor
vaso: vaso
vecchio: velho
vedere: ver

vedersi: ver-se, encontrar-se
veloce: veloz, rápido/rápida
venerdì: sexta-feira
venire con: juntar-se a, vir com
venire: vir
vento: vento
verde: verde
verdura (pl. **verdure**): verdura
vestiti: roupas
vestito da donna: vestido
vestito da uomo: terno
via aerea: via aérea
via, viale: rua, estrada
viaggiare: viajar
viaggiare all'estero: viajar ao exterior
viaggio: viagem
viaggio di lavoro: viagem de trabalho
vicino a: perto de
vicino: perto
vigile urbano: guarda
viola: roxo/roxa
visitare: visitar
vista: vista
con vista su...: com vista para...
vita: vida
vitto e alloggio: alimentação e estadia
vivace: alegre, vívido/vívida
vivere: morar, viver
volentieri: com prazer, à vontade, com boa vontade
volerci: levar, ser necessário (no sentido de tempo que se gasta, tempo necessário)
volere: querer
vorrei: gostaria
vuoto: vazio

zaino: mochila
zia: tia
zio: tio
zucchero: açúcar

1ª **edição** janeiro de 2014 | 1ª **reimpressão** novembro de 2016 | **Fonte** Arial
Papel Offset 90 g/m² | **Impressão e acabamento** Corprint